한국어
문법여행

조카 현진이와 떠나는 신지영 교수의
한국어 문법 여행

초판 1쇄 2015년 10월 20일
초판 3쇄 2018년 12월 20일

지은이 신지영
펴낸이 류종렬

펴낸곳 미다스북스
등록 2001년 3월 21일 제313-201-40호
주소 서울시 마포구 양화로133 서교타워 711호
전화 02) 322-7802~3
팩스 02) 6007-1845
블로그 http://blog.naver.com/midasbooks
페이스북 https://www.facebook.com/midasbooks425
전자주소 midasbooks@hanmail.net

ⓒ 신지영, 미다스북스 2015, Printed in Korea.

ISBN 978-89-6637-411-3 03710
값 14,000원

※파본은 본사나 구입하신 서점에서 교환해 드립니다.
※이 책에 실린 모든 콘텐츠는 미다스북스가 저작권자와의 계약에 따라 발행한 것이므로 인용하시거나 참고하실 경우 반드시 본사의 허락을 받으셔야 합니다.

미다스북스는 다음세대에게 필요한 지혜와 교양을 생각합니다.

조카 현진이와 떠나는 신지영 교수의

한국어 문법 여행

신지영 지음

미다스북스

| 추천사 |

'한국어 문법 여행' 출간에 붙여

탐험 대장, 신지영 교수한테서 전화가 왔다.
"이관규 선생님, 무례한 부탁이지만 추천사 하나 써 주세요."
뭐가 무례한지는 잘 모르겠으나,
저자는 바로 이런 스타일의 탐험가이다.

몇 년 전에
아이들을 위한 문법 책을 하나 써 보고 싶다던 저자를 떠올렸다.
조카가 있는데, 우리말 문법에 대해서 자꾸 물어보는데,
소개해 줄 만한 책이 없더라는 것이다.
그런데,
어이쿠! 이렇게 책 한 권을 뚝딱!
놀랐다. 말하면 바로 실천에 옮기는 이가
바로 신지영 교수다.

'한국어 문법 여행'
문법 하면 고개를 설레설레 흔든다고 하지만,

이 책에서
저자는 문법을 여행하듯이 탐험하고 있다.
특히 조카와 대화를 하듯이
글을 전개해 나가고 있다.
궁금한 현진이의 질문에 대해서
친절한 고모는 하나하나 재미있게 설명해 주고 있다.

사실 문법 궁금증은 하나의 정답으로 해소할 수가 없다.
그렇다고 모든 이론을 모두 말해 주기도 어렵다.
이 책은 가능한 한 규범적 문법을
재미있는 예를 통해서 소개하고 있다.
탐험 대장도 말하고 있듯이
우리말 문법에 대해서 헷갈려하는 학생들에게
이 책은
좋은 지침서가 되리라 기대한다.

2015. 10. 5.
고려대 국어교육과 교수
이관규 적음

| 머리말 |

　이 책은 한국어 문법에 대해 알고 싶은 모든 사람들을 위한 책이다.

　교과 과정을 통해 한국어 문법을 공부하고 있는 중·고등학생들은 물론, 다양한 이유로 한국어 문법에 대한 지식을 원하는 사람들이 많다. 하지만 그 사람들에게 첫 걸음을 쉽게 뗄 수 있도록 도와 주는 책은 많지 않은 것 같다. 그래서 한국어 문법 책 하면 떠오르는 생각은, 읽고 싶지 않은 어렵고 따분한 책이라는 것이 일반적이다. 특히, 한국어 교육이나 언어 병리학 등 응용 학문을 공부하는 사람들 중에는 한국어 문법을 공부하고 싶은데 기존의 책들이 너무 어렵다고 하소연하는 사람들이 많다. 이 책은 중고등 학생들은 물론, 한국어 문법에 관심이 있는 사람들에게 쉬운 입문서 역할을 했으면 하는 바람으로 기획되었다. 그런 만큼, 한국어 문법 책에 대한 이런 선입견을 바꾸는 데 기여할 수 있다면 더 이상 바랄 것이 없겠다.

　이 책은 두 편으로 구성되어 있다. 1편은 단어의 세계고, 2편은 문장의 세계다. 단어의 세계에서는 단어란 무엇인가에 대한 질문으로 시작하여 품사에 대한 이야기와 단어의 짜임새에 대한 이야기가 담겨 있다. 문장의 세계에는 문장의 개념부터 문장을 이루는 문법적인 단위들, 문장 성분, 문장의 확대와 문장을 끝맺는 방법, 그리고 다양한 문법 요소들에 대한 자세한 설명을 담았다. 개념 중심으로 설명하고 쉽고 체계적으로 이해할 수 있도록 상세한 설명과 함께 다양한 예시를 들고자 노력했다.
　본문 외에 '고모와 대화하면 쉬워져요', '한 걸음 더', '헷갈리지 말자', '용어를 쉽게 이해하는 법', '좀 더 쉬운 예로' 등 다양한 꼭지를 둔 것은 그러한 까닭이다. 부디 함께하는 한국어 문법 여행이 즐겁고 유익하기를 바란다.

　문법 여행을 떠나려 하니 그간 이 여행을 응원해 준 고마운 분들이 떠오른다. 우선 보석 같은 네 명의 조카들, 그리고 그 조카들을 만나게 해 준 동생들 부부, 물론 그 동생들을 선물해 주신 부모님께 감사하다.

그리고 한국어의 흥미로운 세계를 보여 주시고 함께 여행을 떠나 주셨던 모든 스승님들께 감사하다. 특히, 가장 오랫동안 여행을 이끌어 주시고 함께해 주신 홍종선 교수님께 감사하다. 물론, 문법 여행의 가장 든든한 후원자로 공부모임의 지음들을 빼 놓을 수 없다. 초고를 읽어 주고 늘 격려를 아끼지 않는 공부모임의 지음들에게 감사의 마음을 전한다.

그리고 문법 여행의 아이디어를 응원해 주고 계속 떠날 용기를 주었던 대교의 윤선아 선생에게 고마운 마음을 전한다. 또, 원고도 보지 않은 상태에서 출판을 결심해 준 미다스북스 류종렬 대표와 빠듯한 시간에도 멋진 책으로 완성해 준 출판사 분들에게도 고마움을 전한다.

부족한 책이지만 멋진 추천사를 흔쾌히 써 주신 고려대학교 국어교육과 이관규 교수님, 나사렛대 언어치료학과 김수진 교수님, 부산대 국어교육과 전은주 교수님, 그리고 특별히 멀리 옥스퍼드 대학교의 조지은 교수님께 진심으로 감사드린다.

늘 내 곁에 함께하며 나 혼자만 재밌고 신나는 여행이 아님을 확인해 주는 제자들에게도 이 기회를 빌려 고마움을 표현하고 싶다. 호기심 가득한 반짝이는 눈동자로 한국어의 세계를 탐험하는 일이 얼마나 흥미로운지를 이야기해 주는 제자 모두에게 감사하다. 그런 제자들이 없었다면 한국어의 세계를 탐험하는 일이 결코 지금처럼 즐겁지는 않았을 것이다.

물론, 가장 큰 고마움은 남편인 유돈식 박사의 몫이다. 함께 있으면 나는 어느새 세상에서 가장 멋진 사람이 되어 버린다. 격려와 용기와 힘을 주는 남편에게 사랑과 감사를 전한다.

2015년 9월 풍성한 한가위를 맞으며

신지영 씀

 목차

머리말 _7
여행 가방을 꾸리며 _16p

1편 단어의 세계

1 단어란 무엇일까 _23p
|고모와 대화하면 쉬워져요|
- 말을 구성하는 다양한 단위들

2 단어의 종류: 품사 _30p
❶ 뜻   ❷ 종류

|고모와 대화하면 쉬워져요|
- 조사가 단어일까?

|고모와 대화하면 쉬워져요|
- 영어의 품사는 왜 한국어랑 달라요?

|고모와 대화하면 쉬워져요|
- new cars의 new가 왜 관형사가 아니에요?

|고모와 대화하면 쉬워져요|
- 조사도 모양이 변하는 것 같아요

3 한국어의 9품사 하나하나 뜯어보기 _49p

1 명사 _49p

❶ 뜻 ❷ 종류

|고모와 대화하면 쉬워져요|
- 석진이네 반에 신석진이 두 명이에요!

|고모와 대화하면 쉬워져요|
- 의존 명사가 어떻게 명사예요?

2 대명사 _63p

❶ 뜻 ❷ 종류

3 수사 _68p

❶ 뜻 ❷ 종류

|고모와 대화하면 쉬워져요|
- 수량과 순서가 어떻게 달라요?

4 동사와 형용사 _72p

❶ 뜻 ❷ 활용
❸ 어간과 어미

|고모와 대화하면 쉬워져요|
- 줄표는 뭘까?

|고모와 대화하면 쉬워져요|
- 그럼 사선은 또 뭘까?

❹ **동사와 형용사 구별하기**

|고모와 대화하면 쉬워져요|
- 어간의 끝이 '─'로 끝나면?

|고모와 대화하면 쉬워져요|
- 본용언과 보조 용언

5 관형사와 부사 _87p

❶ 뜻 　　　　❷ 종류

|고모와 대화하면 쉬워져요|
- 영어의 접속사와 한국어의 접속 부사

6 감탄사 _96p

❶ 뜻

7 조사 _97p

❶ 뜻 　　　　❷ 종류

|고모와 대화하면 쉬워져요|
- 자격을 준다는 게 뭐예요?

4 단어의 짜임새와 그에 따른 분류 _104p

❶ 짜임새에 따른 분류
❷ 파생어 　　　　❸ 합성어

|고모와 대화하면 쉬워져요|
- 예를 통해 확실히 익히기

2편 문장의 세계

1 문장이란 무엇일까? _127p

|고모와 대화하면 쉬워져요
- 이것도 문장일까?

|고모와 대화하면 쉬워져요
- 이모티콘을 왜 쓸까?

2 문장을 구성하는 단위들 _134p

|고모와 대화하면 쉬워져요
- 좋은 문장, 나쁜 문장

|고모와 대화하면 쉬워져요
- 띄어쓰기를 잘하려면?

3 문장 성분 _149p

❶ 주성분

|고모와 대화하면 쉬워져요
- 문장의, 주성분의 종류와 개수를 아는 방법

❷ 부속 성분

❸ 독립 성분

4 문장의 확대: 긴 문장 만들기 _177p

❶ 문장을 확대하는 방법

❷ 이어진 문장
❸ 안은 문장

5 **문장의 종결: 문장을 끝맺는 방법** —199p

6 **시제 표현** —209p

7 **높임 표현** —224p
❶ 공손한 표현 만들기
❷ 듣기만 해도 알아요!
❸ 높임법
|고모와 대화하면 쉬워져요|
● 격식과 비격식

|고모와 대화하면 쉬워져요|
● 이상한 높임 표현들

8 **피동 표현과 사동 표현** —241p
❶ 능동 표현과 피동 표현
|고모와 대화하면 쉬워져요|
● 같은 의미, 다른 문장
❷ 주동 표현과 사동 표현
|고모와 대화하면 쉬워져요|
● 같은 사동, 다른 느낌

9 **부정 표현** —252p

여행 가방을 풀며 —260p

여행 가방을 꾸리며

 인간은 다양한 방법으로 자신의 머릿속 생각을 표현합니다. 그림으로 표현하기도 하고 음악으로 표현하기도 하고, 춤으로 표현하기도 하죠. 하지만 자신의 머릿속 생각을 표현하는 가장 흔한 도구는 두말할 나위도 없이 말과 글입니다. 말과 글은 언어를 통해 자신의 머릿속 생각을 표현한다는 공통점을 갖습니다. 하지만 말은 '소리'를 가지고, 글은 '글자'를 가지고 표현한다는 점에서 차이가 있어요.

 소리로 표현된 언어가 말이고 글자로 표현된 언어가 글이니, 말과 글은 모두 언어입니다. 하지만 말과 글은 아주 다른 상황에서 이루어지는 언어라서 완전히 똑같지는 않아요. 우선, 앞에서 말했듯이 말은 소리를 통해 표현되고 글은 글자를 통해 표현되니까 말과 글은 전달되는 통로가 아주 다릅니다. 말은 귀로 들어오고, 글은 눈으로 들어오죠. 귀로 들어오는 것을 '청각 통로를 이용한다'고 표현하고, 눈으로 들어오는 것을 '시각 통로를 이용한다'고 표현합니다.

보통 말을 할 때는 듣는 사람이 바로 내 앞에 있는 경우가 많습니다. 그래서 듣는 사람의 반응이 바로바로 나에게 전달됩니다. 또, 말을 할 때는 손으로 사물을 가리킬 수도 있고, 다양한 감정 표현을 목소리에 담을 수도 있습니다. 소리만이 아니라 표정이나 몸짓을 통해서도 많은 것들을 전할 수가 있습니다.

이와는 달리 글을 쓸 때는 글을 읽는 사람을 바로 내 앞에 두지 않는 것이 보통입니다. 또, 읽는 사람이 누구일지가 확실한 경우도 있지만, 읽는 사람이 누가 될지 확실하지 않은 것이 훨씬 일반적이죠. 물론, 손으로 사물을 가리키거나 목소리에 감정을 싣거나 표정과 몸짓으로 다양한 정보를 전할 수도 없습니다.

현진이가 고모하고 필기도구를 사러 문구점에 갔다고 생각해 봐요. 그리고 현진이가 "고모, 저 이거 사고 싶어요"라고 말했다고 가정해 봅시다. 현진이는 지금 자신의 말을 듣고 있는 고모를 눈앞에 두고 있습니다. 그래서 현진이는 현진이 가까이에 있는 어떤 물건을 손가락으로 가리키면서 '이거'라고 할 수 있는 것이죠. 현진이와 고모가 같이 그 물건을 볼 수 있는 상황이니까요. 그래서 고모는 현진이가 말하는 '이거'가 무엇인지 알게 됩니다. 또, 현진이는 목소리와 표정을 통해 그 물건이 얼마나 사고 싶은지를 고모에게 표현할 수 있습니다. 떼를 쓰는 말투와 표정으로도, 애원하는 말투와 표정으로도, 별로 사고 싶지 않은 듯이 무덤덤한 말투와 표정으로도 똑같은 내용의 말을 할 수 있습니다. 물론, 효과는 다르겠죠.

  이번에는 현진이가 어떤 필기도구가 사고 싶어서 고모에게 편지를 쓰는 경우를 생각해 봐요. 편지에 다짜고짜 '고모, 저 이거 사고 싶어요'라고 쓴다면 어떨까요? 고모는 도저히 '이거'가 무엇인지 알 수가 없을 거예요. 현진이가 가리키는 '이거'가 무엇인지 도저히 알 수가 없을 테니까요. 물론, 현진이가 사진을 편지에 첨부해서 '이거'라고 했다면 알 수는 있겠지만, 그냥 사진이나 그림 없이 '글'로만 편지를 쓰는 상황을 생각해 보는 것입니다. 또, 현진이가 쓴 '고모, 저 이거 사고 싶어요'라는 글만으로는 현진이가 얼마나 그 물건이 사고 싶은지를 판단하기 어렵습니다. 글에는 말투와 표정이 담기지 않으니까요. 물론, 요즘은 이모티콘을 써서 말투와 표정을 담으려고 시도하기도 하지만 이모티콘을 아무리 다양하게 써도 자신의 감정을 말하는 것만큼 글에 담기는 어렵습니다.

현진이가 고모에게 편지를 쓰는 경우는 읽는 사람을 고모로 정한 다음에 쓰는 거니까 편지를 읽는 사람이 누구인지가 확실한 경우입니다. 하지만 고모가 지금 쓰고 있는 책은 어떤가요? 고모는 이 글을 현진이만 읽으라고 쓰는 게 아닙니다. 현진이 친구들이나 현진이보다 학년이 높은 고등학생 형과 누나들, 혹은 중고등 학교 학생들을 가르치는 선생님들, 그리고 더 나아가 한국어 문법에 관심이 있는 사람들이라면 누구나 읽었으면 하는 바람에서 이 책을 쓰고 있습니다. 그러니까 어떻게 보면 불특정 다수를 대상으로 이 글을 쓰고 있는 것이지요.

이렇게 말과 글은 모두 언어이기는 하지만 말은 소리를 가지고, 글은 글자를 가지고 표현한다는 점에서 차이가 생길 수 있게 되는 것입니다. 그러니까 말하는 것과 똑같이 글을 써서도 안 되고, 글을 쓰는 것과 똑같이 말을 해서도 안 됩니다. 말할 때는 내 말이 효과적으로 잘 들릴 수 있는 방법을 생각해야 하고, 글을 쓸 때는 내 글이 효과적으로 잘 읽힐 수 있는 방법을 생각해야 합니다. 내 말이 잘 들릴 수 있으려면 어떻게 해야 할까를 고민하는 것이 바로 말을 잘하는 방법입니다. 또, 내 글이 어떻게 하면 잘 읽힐 수 있을까를 고민하는 것이 바로 글을 잘 쓰는 방법입니다.

한국어 문법을 공부해야 하는 이유도 바로 여기에 있습니다. 한국어 문법을 열심히 공부하면 말을 잘하고 글을 잘 쓸 수 있습니다. 또, 다른 사람의 말을 잘 알아듣고 다른 사람이 쓴 글을 잘 읽어 낼 수도 있게 됩니다. 문법은 한국어를 사용하는 사람들 사이의 약속입니다. 그 약속에 기초해서 우리는 의사소통을 하게 되는 것입니다. 그러니까 그 약속이 어떤 것인지를 잘 안다면 나만 아는 말이나 나만 아는 글을 쓰지 않고 상대가 알아들을 수 있는 말, 또 상대가 읽고 이해할 수 있는 글을 쓸 수 있을 것입니다.

자, 이제 여행을 떠날 준비가 되었나요?
그럼, 문법의 세계로 출발!

1편 단어의 세계

단어란 무엇일까?

1

단어는 낱말이라고 불리기도 합니다. 단어는 보통 **최소의 자립 형식**이라고 풀이되지요. 쉽게 말해서 말의 단위 중에서 **단독으로 쓸 수 있는 가장 작은 단위**가 바로 단어입니다.

'單 홑 단' '語 말씀 어'로 그 이름을 통해 우리는 단어가 혼자 쓸 수 있는 말이라는 것을 알 수 있습니다.

'최소의 자립 형식'에서 '최소'란 '가장 작은'이라는 뜻이고, '자립'이란 '혼자 서는 것'을 말합니다. 또, '형식'이란 겉으로 드러나는 모양을 말합니다. 말에서 겉으로 드러나는 것은 '말소리'입니다. 말소리가 '형식'이 되어 일정한 뜻, 즉 '내용'과 연결되는 것이 바로 '말'입니다.

말을 구성하는 단위 중 단어의 세계에서 관심을 두는 단위는 '단어'입니다. 혼자 쓸 수 있는 말의 가장 작은 조각이지요. 단어는 더 작은 조각인 형태소로 나눌 수도 있고, 다른 단어들과 뭉치면서 어절, 구, 절, 문장과 같이 더 큰 말의 단위를 만들 수도 있습니다.

단어의 세계를 여행하면서 여러분은 단어에는 어떤 종류가 있는지, 단어는 어떤 짜임새를 가지고 있는지를 알게 될 것입니다.

자, 그럼 단어의 세계에 대한 본격적인 탐험을 시작해 봅시다.

말을 구성하는 다양한 단위들

> 고모와 대화하면 쉬워져요

궁금한 현진이: 고모, 단어를 설명하시면서 말을 구성하는 단위가 작은 단위부터 큰 단위까지 아주 다양하다고 하셨는데, 말의 단위가 무슨 뜻이에요? 좀 어려워요, 고모.

친절한 고모: 어머, 어려웠다면 미안! 그럼 조금 더 쉽게 설명해 볼게.
우선 단위가 무엇인지부터 설명해 볼까? 말의 단위가 무엇인지 이해하기 위해서는 먼저 '단위'라는 말이 무슨 뜻인지 이해하는 게 필요할 것 같으니까. '단위'를 사전에서 찾아보면 두 번째 뜻풀이에 '하나의 조직 따위를 구성하는 기본적인 한 덩어리'라고 되어 있어. 그러니까 단위라는 말은 짜임새가 있는 어떤 것을 구성하는 기본적인 덩어리들이라고 이해하면 된단다.

궁금한 현진이: 아, 이제 '단위'라는 뜻은 알겠어요. 큰 것을 구성하는 작은 덩어리들을 말한다는 뜻이죠?

친절한 고모: 맞았어, 바로 그거야. 예를 들어 좀 더 쉽게 설명해 볼게. 현진이가 다니는 학교를 생각해 봐. 학교는 학년으로, 학년은 학급으로, 또 학급은 분단으로 구성되어 있지? 학교는 이렇게 학년, 학급, 분단과 같이 서로 다른 크기의 기본 덩이들로 구성되어 있어. 그러니까 학년, 학급, 분단 등은 학교를 구성

하는 서로 다른 크기의 기본 덩이들, 즉 학교의 구성 단위라고 할 수 있어.

궁금한 현진이

그러니까 말도 잘 들여다보면 학교처럼 더 작은 구성 단위들로 이루어져 있다는 뜻인 거죠? 그럼 단어의 세계에서는 어떤 단위들에 대해 여행하게 되나요?

단어의 세계에서 주인공은 당연히 '단어'가 될 거야. 단어에는 어떤 종류가 있는지, 또 단어의 짜임새는 어떤지를 알아보게 되지.

우선, 한국어에 있는 단어들을 다 모아 놓은 다음에 비슷한 성질을 가진 것끼리 모아볼 거야. 그 비슷한 성질을 가진 것들끼리 묶어서 묶음에 이름을 달아 주고 그 묶음에 속하는 것들이 어떤 특징들을 가지고 있는지 알아볼 거야. 단어의 종류별 묶음을 품사라고 하지. 그래서 처음에 우리는 품사의 세계부터 탐험할 거야.

품사의 세계를 탐험한 다음, 단어의 짜임새에 대해서도 알아볼 거야. 단어의 짜임새를 알아보기 위해서는 단어가 더 작은 조각으로 어떻게 나뉠 수 있는지를 알아봐야 해. 단어를 구성하는 더 작은 조각이 바로 '형태소'야. 단어가 어떤 형태소들로 구성되어 있는지를 살펴보면 단어마다 조금 다른 모습이 관찰되거든. 단어들을 돋보기로 더 들여다보는 거라고 할 수 있어.

돋보기로 단어를 관찰해서 단어들이 어떻게 구성되어 있는지 알아보고 그 구성이 비슷한 것들끼리 묶어보면 새로운 단어들이 어떻게 만들어지는 건지 그 원리를 알 수 있거든.
어때, 현진아. 흥미진진한 여행이 될 것 같지 않니?

친절한 고 모

언어의 자의성과 사회성

언어의 특징 중에 자의성과 사회성이 있어요. 그런데 이 표현이 좀 어렵죠? 자의성과 사회성이라는 말이 무엇인지 그럼 좀 더 쉽게 풀어서 설명해 줄게요.

'자의'라는 단어는 '恣 마음대로 자' '意 뜻 의', 즉 '제멋대로 하는 생각'이라는 뜻입니다. 그러니까 언어가 자의성을 갖는다는 말의 뜻은, 언어는 소리(형식)와 의미(내용) 사이의 관계가 제멋대로여서 필연적인 관계가 전혀 없다는 것입니다. 다시 말해서 '손'이 꼭 [손]이라고 불릴 이유가 전혀 없다는 뜻이에요. 그래서 한국어에서는 [손]이라고 하는 것을 영어에서는 [핸드]라고 하게 되는 거죠.

이 자의성 때문에 같은 뜻을 가진 단어들이 언어마다 다른 소리를 갖게 되는 것입니다. 그래서 외국어를 배울 때 외국어 단어를 외워야 하는 번거로움이 생기게 됩니다. 만약에 언어가 자의성을 갖지 않고 필연성을 갖는다고 가정한다면, 의미와 소리 사이에 필연적인 관계가 있을 것입니다. 그렇다면 모든 언어의 단어는 다 같은 소리를 갖게 될 것입니다. 그럼 외국어의 단어를 외우는 수고는 없었을 거예요. 하지만 그런 일은 있을 수가 없어요. 언어는 원래 그 특성상 소리와 의미 사이에 연관성이 전혀 없는 자의적인 기호 체계니까요.

다음은 사회성에 대해 알아봅시다. 언어가 사회성을 갖는다는 말을 다른 말로 바꿔 보면, 언어란 그 사회를 구성하는 사람들끼리 정한 약속에 바탕을 둔다는 말이 됩니다. 언어는 자의성을 갖기 때문에 서로가 정한 약속을 지키지 않으면 의사소통을 할 수 없습니다. 예를 들어 [손]이라고 부르자고 정한 약속을 깨고 [덩덩]이라고 부른다고 생각해 보세요. 그럼 어떨까요? 내가 아무리 "덩덩이 아파요"라고 해도 사람들이 못 알아들을 거예요. 사람들과 '손'을 [손]이라고 부르기로 약속했기 때문에 '손'을 [손]이라고 하지 않으면 의사소통이 안 되는 거죠.

사회성이란 소리와 의미의 자의적인 결합을 사회적인 약속에 의해 서로 정하는 것을 말해요. 언어를 함께 사용하는 사람들은 그래서 그 약속을 알아야만 하죠. 언어를 배우는 것은 바로 언어의 사회성을 익히는 과정이라고 생각하면 됩니다. 결국, 언어가 사회성을 갖는다는 것은 '정한 약속을 그 사회의 구성원이 모두 지킴으로써 그 언어가 사회 속에서 두루 사용된다'는 뜻이 되는 것입니다.

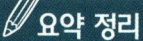
요약 정리

- 단어 혹은 낱말은 최소의 자립 형식, 즉 단독으로 쓸 수 있는 가장 작은 말의 단위를 말해요. 말의 단위에는 단어 외에도 어절, 구, 절, 문장 등이 있어요.

- 언어는 형식인 말소리에 내용인 의미가 결합되어 이루어집니다. 그런데 그 둘이 결합하는 데 반드시 그래야 하는 이유가 있는 것이 아닙니다. 이것을 언어의 자의성이라고 합니다.

- 그래서 언어는 사회성을 가져야 합니다. 그 형식이 그 내용에 연결될 아무런 이유가 없기 때문에 언어를 쓰는 사람들끼리 그것을 그렇게 부르자고 약속을 해야 하고, 그 약속을 지켜야 합니다.

단어의 종류: 품사

2

 뜻

품사(品詞)란 단어의 종류별 묶음을 말합니다.

'品(품) 물건 품', '詞(사) 말씀 사'인데, 品(품)이라는 글자는 '갈래, 가지'라는 뜻도 있어요.

품사란 '말의 갈래, 말의 종류'라는 뜻이 됩니다. 여기서 '말'이란 '단어'를 의미합니다.

결국, 품사란 단어의 갈래라는 뜻이 됩니다.

단어들을 모두 모아 놓은 후, 단어들을 비슷한 성질끼리 분류해서 그 부류마다 이름을 붙여놓은 것을 말합니다. 마치 중학교 학생들을 출신 초등학교에 따라 분류한 후에 '신동 초등학교 출신 사람', '전동 초등학교 출신 사람', '원촌 초등학교 출신 사람'을 각각 '신동인, 전동인, 원촌인'처럼 이름을 붙이는 것과 같다고 생각하면 쉽습니다.

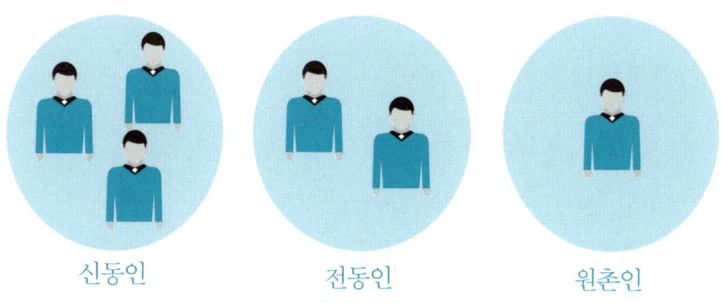

신동인　　　　전동인　　　　원촌인

❷ 종류

한국어의 단어들을 비슷한 성질끼리 분류하면 모두 9개의 묶음이 나옵니다. 그래서 한국어는 9품사를 갖게 된 것이지요.

하지만 이것은 언어마다 달라요. 예를 들어 영어의 경우는 한국어보다 한 개가 적은 8개의 묶음이 나옵니다. 그래서 한국어는 9품사, 영어는 8품사를 갖게 되는 것입니다.

그럼 이제 한국어 9품사를 자세히 살펴봐요.

한국어에 있는 9개의 품사는 다음과 같아요.

명사	대명사	수사
동사	형용사	관형사
부사	감탄사	조사

그런데 어떻게 9개의 묶음이 나온 걸까요?

한국어 단어를 9개의 묶음으로 묶는 데는 보통 세 가지 기준이 쓰입니다. 그 기준은 다음과 같아요.

① 단어의 모양이 변하는가 변하지 않는가?
② 문장 안에서 어떤 역할(기능)을 하는가?
③ 어떤 뜻을 가지고 있는가?

그럼 이 기준들을 가지고 단어들이 어떻게 묶이는지 살펴볼까요?

Ⅰ 모양이 변하는가에 따라

분류 기준: 단어의 모양이 변하는가, 변하지 않는가.

우선 단어의 모양이 문장 안에서의 역할에 따라서 변하는가, 변하지 않는가를 가지고 단어들을 살펴봐요. 한국어의 단어 중에는 문장 안에서 어떤 역할(기능)을 하는가에 따라서 모양이 바뀌는 단어와 그렇지 않은 단어가 있습니다.

문장 안에서의 기능(역할)에 따라서 모양이 바뀌는 단어를 가변어(可變語)라고 합니다. '可 가할 가', '變 변할 변', '語 말씀 어', 즉 가히 변할 수 있는 단어라는 뜻입니다.

그렇지 않고 기능(역할)에 따라서 모양이 바뀌지 않는 단어를 불변어(不變語)라고 합니다.

다음에 보인 예를 볼까요?

> ① 영희가 예쁘다.
> ② 예쁜 영희가 좋다.
> ③ 그 친구가 아주 떠났다.
> ④ 어제 떠난 그 친구도 그리워한다.
> ⑤ 아주 빨리 떠났음도 알았다.

각 문장은 몇 개의 단어로 되어 있나요? 몇 개인지 적고, 어떤 것이 단어인지 적어 보세요.

1번 문장은 3개의 단어로 된 문장이에요. 문장에서 단어는 '영희, 가, 예쁘다'입니다.

2번 문장은 4개의 단어로 된 문장이에요. 문장에서 단어는 '예쁜, 영희, 가, 좋다'입니다.

3번 문장은 5개의 단어로 된 문장이에요. 문장에서 단어는

1편 단어의 세계

'그, 친구, 가, 아주, 떠났다'입니다.

4번 문장은 6개의 단어로 된 문장이에요. 문장에서 단어는 '어제, 떠난, 그, 친구, 도, 그리워한다'입니다.

5번 문장은 5개의 단어로 된 문장이에요. 문장에서 단어는 '아주, 빨리, 떠났음, 도, 알았다'입니다.

5개 문장에 쓰인 단어 중에서 '영희, 가, 예쁘다, 그, 친구, 아주, 떠나다, 도'는 여러 문장에 쓰이고 있습니다. 그런데 이 가운데 '영희, 가, 그, 친구, 아주, 도'는 어디에 쓰이든 모양이 바뀌지 않는데, '예쁘다, 떠나다'는 문장 안에서 어떤 역할을 하는가에 따라서 그 모양이 바뀌고 있어요.

예를 들어 '예쁘다'는 문장의 끝에 올 때는 '예쁘다'지만, 문장의 중간에 와서 '영희'를 꾸며주는 기능을 할 때는 '예쁜'과 같이 그 모양이 바뀌고 있죠. 또, '떠나다'도 문장의 끝에 올 때는 '떠났다'지만, 문장의 중간에 와서 목적어 기능을 할 때는 '떠났음'과 같이 그 모양이 바뀝니다.

이렇게 어떤 단어는 문장 안에서 어떤 역할을 하는가에 상관없이 모양이 변하지 않는데, 어떤 단어는 문장 안에서 어떤 역할을 하는가에 따라서 모양이 변합니다.

명사, 대명사, 수사, 관형사, 부사, 감탄사, 조사는 문장 안에서의 역할에 따라 모양이 변하지 않는 불변어에 속하고, 동사와 형용사는 문장 안에서의 역할에 따라 모양이 변하는 가변어에 속합니다.

조사가 단어일까?

> 고모와 대화하면 쉬워져요

궁금한 현진이
고모, 좀 이상한 게 있어요. 고모가 앞에서 분명히 단어란 말의 단위 중에서 혼자 쓸 수 있는 제일 작은 단위, 즉 최소의 자립 형식이라고 가르쳐 주셨잖아요. 그런데 조사는 좀 이상해요. 조사도 품사 중 하나인 걸 보면 조사도 단어라는 건데, 조사는 혼자 쓰면 말이 안 돼요. '영희가'에서 '영희'는 혼자 써도 되지만, '가'는 혼자 쓰면 말이 안 되잖아요. 그러니까 조사는 최소 자립 형식이라고 할 수 없는 거죠. 그렇다면 한국어에 조사라는 품사가 있는 건 좀 이상한 거 아닌가요? 조사를 어떻게 단어라고 할 수 있는 거죠? 고모 궁금해요.

친절한 고모
맞아. 조사는 혼자 쓸 수 없어. 그러니까 단어를 최소의 자립 형식이라고 한다면 조사는 단어라고 보기 어렵지. 그런데 문제는, 조사는 단어에 붙는다는 데 있어.
다음에 보인 문장을 가지고 생각해 볼까?

'고모가 밥을 먹는다'

이 문장에서 조사를 뺀 단어를 꼽아 보면 '고모', '밥', '먹는다'가 있지. 조사가 빠진 '고모'와 '밥'은 조사가 없어도 최소의 자립 형식이야. 혼자서도 말이 되니까. 그럼 '가'와 '을'은 어떨까? '가'와 '을'은 각각 '고모'와 '밥'이 문장 안에서 어떤 역할을 하게 되는지를 알려 주는 요소야.

다음 페이지로 〉〉

그런데 사실, 문장 안에서의 역할을 알려 주는 기능이라면 '먹는다'의 '-는다'도 마찬가지지. '먹-'이 문장 안에서 어떤 역할을 하는지를 '-는다'가 알려주니까. 그런데 왜 '-는다'는 단어가 아닌데 '가', '을'은 단어라고 보는 걸까?

궁금한 현진이

그러게 말이에요. 고모 말을 들으니까 더 궁금해지는데요? 빨리 알려 주세요.

'-는다'는 '가'나 '을'처럼 앞의 요소가 문장 안에서 어떤 역할을 하는지를 알려 준다는 점에서는 같아. 하지만 그 앞의 요소가 자립적인가 아닌가에 있어서는 차이가 있지. '먹는다'에서 '-는다'가 빠진 '먹-'은 자립성이 없지만, '가'와 '을'이 없는 '고모'와 '밥'은 자립성이 있지. 그래서 '가'와 '을'이 비록 자립성은 없지만 단어로 보는 것이 좋겠다고 판단하게 된 거야.

사실, 영어에도 비슷한 예의 단어가 있어. 관사나 전치사와 같은 단어가 그 예들이지. 'a, the'나 'of, with' 같은 것들 말이야. 이 단어들도 혼자 사용되는 법이 없으니 자립성은 없지. 그래도 이 단어들도 단어는 단어잖아. 이제 좀 이해가 되니?

친절한 고 모

네, 이제 알겠어요. 그러니까 조사 그 자체는 비록 자립성이 없지만 조사 앞에 오는 요소가 모두 자립성을 가지기 때문에 조사를 단어로 본다는 말이죠? 마치 영어의 전치사가 그 자체는 자립성이 없지만 뒤에 오는 요소가 모두 자립성을 가지기 때문에 단어인 것처럼요?

궁금한 현진이

친절한 고모: 정확해. 그래서 '단어'를 국어사전에서 찾아보면 '분리하여 자립적으로 쓸 수 있는 말이나 이에 준하는 말. 또는 그 말의 뒤에 붙어서 문법적 기능을 나타내는 말'이라고 풀이되어 있는 거야. 이제 궁금증이 풀렸지?

Ⅱ 문장 안에서의 기능에 따라

분류 기준: 문장 안에서 주로 어떤 기능을 담당하는가.

단어는 문장 안에서 비슷한 기능(역할)을 하는 것들끼리도 묶어 볼 수가 있어요. 비슷한 기능(역할)을 하는 것끼리 묶어 보면 5개의 묶음이 만들어집니다. 이 다섯 묶음은 모두 '언'자 돌림으로 끝납니다.

체언: 명사, 대명사, 수사

문장의 '몸체'가 되는 주어가 될 수 있다고 해서 체언(體言, 몸 체, 말씀 언)이라고 합니다.

용언: 동사, 형용사

문장에서 서술어가 될 수 있다고 해서 용언(用言, 쓸 용, 말씀 언)이라고 합니다.

동사와 형용사는 활용(活用, 살 활, 쓸 용)을 하는 성질을 공통적으로 가지고 있습니다. '활용'이라는 단어는 여러분에게 아주 익숙한 단어죠. 충분히 잘 이용한다는 뜻입니다. 용언이 활용한다는 것도 단어의 그 뜻으로부터 이해하면 쉽습니다. 용언은 상황에 맞게 어미를 적절히 바꾸면 다양한 목적으로 잘 활용될 수 있는 특징을 갖습니다.

어간은 용언들이 활용할 때 변하지 않는 부분이고, 어미는 활용할 때 상황에 맞게 변화하는 부분입니다.

어간(語幹)은 '말씀 어(語)'에 '줄기 간(幹)'자를 씁니다. 말(단어)의 줄기가 되는 부분, 그러니까 의미의 중심이 되는 부분이라는 뜻입니다. 어미(語尾)는 '말씀 어(語)'에 '꼬리 미(尾)'자를 씁니다. 말(단어)의 꼬리가 되는 부분이라는 뜻입니다. 어미는 단어의 끝에 나타나기 때문에 단어의 꼬리라는 뜻의 이름을 갖게 된 것이지요.

'먹다'를 예로 들어볼까요? '먹다'는 '먹으니, 먹어서, 먹고, 먹자, 먹어라' 등등으로 상황에 맞게 활용합니다. 이때 변하지 않는 부분과 변하는 부분이 있지요.

'먹다'에서 '먹-'은 어떤 상황에서도 변화하지 않습니다. 하지만 '-다'는 상황에 따라서 '-으니, -어서, -고, -자, -어라' 등으로 변화합니다. 그러니까 '먹다'에서 '먹-'은 어간, '-다'는 어미가 되는 것입니다.

활용에 대해서는 동사와 형용사를 설명하는 부분에 자세히 설명되어 있습니다. 활용에 대해 더 자세히 알고 싶으면 3장 '한국어의 9품사 하나하나 뜯어보기' 중 동사와 형용사를 설명한 부분을 먼저 읽어 보도록 하세요.

수식언: 관형사, 부사

문장에서 관형사는 체언을, 부사는 용언을 꾸며 줄 수 있기 때문에, 즉 '수식'할 수 있기 때문에 '수식언'이라고 합니다.

'수식(修飾)'한다는 것은 겉모양을 꾸미는 것을 말합니다. 문장을 화려하게 또는 기교 있게 꾸미는 것도 '수식한다'고 합니다.

'관형사'에서 '관'은 한자로 '冠'과 같이 쓰는데 이 관은 '모자'를 의미합니다. 모자를 써서 멋을 내는 것처럼 명사를 꾸며 주는 단어라는 뜻입니다.

'부사'에서 '부'는 한자로 '副'와 같이 쓰는데 그 뜻은 '둘째가다, 버금가다'라는 뜻이에요. 부사장할 때 '부'입니다. 사장 다음간다는 뜻이지요. 첫째가 아니라 둘째라는 뜻이에요. 부사도 주가 되는 단어가 아니라 둘째가 되는 단어라는 뜻입니다. 부사에 속하는 단어들은 문장에서 주가 되지 못합니다. 주가 되는 다른 요소들을 꾸며 준다는 의미에서 그런 이름을 갖게 된 것입니다.

독립언: 감탄사

'감탄사'는 문장에서 독립적으로 사용되므로 '독립언'이라고 합니다. 독립적이라는 것은 문장 안의 다른 말과 아무런 관련이 없다는 뜻이에요.

감탄이란, 말 그대로 뭔가 느낌이 있어 탄복하는 것을 말합니다. 멋진 것을 보았을 때 '와'라고 한다거나 놀라거나 당황하거나 할 때 '아' 혹은 '어머', '어머나'라고 하는 것 등이 감탄사에 속하지요.

사전에 있는 감탄사는 아니지만 여러분이 만든 감탄사도 있지요? 예를 들어 '헐' 같은 것이요. '헐'도 감탄사입니다. 그런데 '헐'은 어른들이 싫어하는 감탄사이고 좀 품격이 없어 보이는 감탄사니까 어른들 앞에서 말하거나 남들 앞에서 품격 있게 격식을 차려 말해야 할 때는 쓰지 말아야 합니다. 학교에 갈 때 잠옷을 입고 가면 안 되고, 잠자리에 들 때 교복을 입으면 안 되는 것처럼 말도 때와 장소에 맞게 해야 합니다.

관계언: 조사

'조사'는 다른 단어 뒤에 붙어서 문법적인 관계를 표시하기 때문에 '관계언'이라고 합니다.

'조사'의 '조'는 한자로 '助'와 같이 씁니다. '도울 조'자를 쓰는 것을 봐서 돕는 기능을 하는 단어라는 것을 알 수 있습니다.

조사는 단어 중에서 유일하게 혼자서 쓸 수 없습니다. 조사는 체언에 주로 붙는데 체언에 붙어서 해당 체언이 문장에서 어떤 기능(역할)을 하는지를 보여 주거나 약간의 의미를 부가하여 체언의 의미를 돕는 역할을 합니다.

Ⅲ 단어의 의미에 따라

분류 기준: 어떤 뜻을 가지고 있는가.

단어는 의미에 따라서도 묶을 수가 있는데 9품사로 나누는 것은 대체로 단어의 뜻을 중심으로 묶은 묶음입니다.

이름을 나타내는 명사, 명사 대신 쓰는 대명사, 숫자를 나타내는 수사, 동작이나 과정을 나타내는 동사, 성질이나 상태를 나타내는 형용사, 명사 앞에 놓여서 명사의 성질, 모양, 상태 등을 나타내는 관형사, 다른 말 앞에 놓여서 그 뜻을 분명하게 해 주는 부사, 감탄의 의미를 나타내는 감탄사, 선행하는 요소에 문법적인 의미나 추가적인 의미를 얹어 주는 조사가 있습니다.

각 품사에 대한 자세한 이야기는 3장 '한국어의 9품사 하나하나 뜯어보기'에 담겨 있어요.

> 고모와 대화하면 쉬워져요

영어의 품사는 왜 한국어랑 달라요?

궁금한 현진이

> 고모, 영어 문법 책을 보니까 영어는 8품사라고 되어 있어요. 그리고 영어의 8품사를 보니까 한국어랑 같은 것도 있고 다른 것도 있어요. 왜 그래요? 너무 헷갈려요.

영어로 품사를 'word class'라고 해. 'word'는 '단어'라는 뜻이고, 'class'는 '반'이라는 뜻도 있지만 '부류, 갈래, 종류'라는 뜻도 있어. 그러니까 영어로도 '단어의 갈래'라는 뜻이지. 영어도 언어니까 단어가 있고, 단어가 있으니까 단어를 종류별로 나누어 볼 수 있단다. 그런데 언어가 다르다 보니 그 종류도 약간 다를 수 있게 되는 거야. 물론 공통적인 것도 있을 수 있지만 말이야.

단어를 종류별로 나눠 보니 한국어 단어는 9개의 종류가, 영어 단어는 8개의 종류가 있는 거야. 한국어의 9품사는 다음과 같아.

명사	대명사	수사
동사	형용사	관형사
부사	조사	감탄사

그리고 영어의 8품사는 다음과 같고.

친절한 고모

명사	대명사	동사
형용사	부사	접속사
전치사	감탄사	

한국어와 영어에 같은 품사가 있어요. 고모, 그건 왜 그래요?

맞아, 현진아. 한국어와 영어에 같은 품사는 모두 6종류나 있어.

| 명사 | 대명사 | 동사 |
| 형용사 | 부사 | 감탄사 |

언어 사이에는 차이점도 있지만 공통점도 있기 때문이지. 한국어와 영어 모두에 명사, 대명사, 동사, 형용사, 부사, 감탄사가 있다는 점은 공통점이지. 하지만 수사, 관형사, 조사는 한국어에만 있고, 접속사, 전치사는 영어에만 있어. 이게 차이점이지.

> 고모와 대화하면 쉬워져요

new cars의 new가 왜 관형사가 아니에요?

궁금한 현진이

고모, 제가 시험에서 틀린 것 중에 정말 이해가 잘 안 가는 게 있어요. 영어 시험인데 'new cars'의 품사를 각각 적는 거였어요. 그래서 저는 자신 있게 'new-관형사, cars-명사' 이렇게 썼죠. 그런데 틀렸어요. 'new'는 관형사가 아니라 형용사래요. 그런데 한국어에서 '새 차'의 '새'는 형용사가 아니라 관형사 아닌가요? 너무 헷갈려요. 제가 왜 틀렸어요?

친절한 고모

현진이가 틀릴 만한 이유가 있었네. 비록 시험에서 틀린 건 아쉽지만, 덕분에 궁금증이 생기고 생각할 수 있는 계기가 됐으니 시험을 본 보람이 있네! 시험은 점수를 주고 등수를 매기기 위해 있는 게 아니라, 이렇게 아는 것을 점검하고 모르는 것을 보충하기 위해 있는 거니까.

한국어와 영어 모두에 형용사가 있어. 그러니까 공통적인 품사의 목록에 형용사가 들어 있는 거야. 그런데 한국어와 영어에서 그 쓰임이 좀 다르지. 한국어의 형용사는 동사처럼 서술어로 쓰이지만, 영어의 형용사는 한국어의 관형사처럼 명사를 꾸며 주는 역할을 해. 한국어에서 명사를 꾸며 주는 역할을 하는 단어들은 별도의 품사가 있어. 그래, 바로 관형사지.

요점을 정리하면, 한국어에서 명사를 꾸며 주는 것은 관형사이고 영어에서 명사를 꾸며 주는 것은 형용사라고 생각하면 돼. 그러니까 '새 차'의 품사는 각각 '관형사, 명사'이지만, 'new cars'의 품사는 '형용사, 명사'가 되는 거야.

예)	새 차	new cars
	관형사 + 명사	형용사 + 명사

조사도 모양이 변하는 것 같아요

고모와 대화하면 쉬워져요

궁금한 현진이: 고모, 조사는 가변어가 아니라 불변어라고 하셨죠? 그런데 좀 이상해요. 모양이 변하는 것 같거든요. '엄마가 오셨다'와 '삼촌이 오셨다'를 보세요. 모두 주격 조사인데 '엄마' 다음에는 조사가 '가', '삼촌' 다음에는 조사가 '이'잖아요. 모양이 변하고 있어요. 그러니까 가변어 아닌가요? 참, 목적격 조사도 생각해 보니까 '을'도 있고, '를'도 있어요. 뭔가 좀 이상해요. 알려 주세요.

친절한 고모: 단어의 모양이 분명히 변하고 있네! 그런데 단어의 모양이 변하기만 한다고 다 가변어가 되는 게 아니야. 그래서 뜻풀이를 잘 봐야 하는 거란다. 가변어의 뜻풀이를 다시 꼼꼼히 살펴볼까? 가변어는 '문장 안에서의 역할(기능)에 따라서 단어의 모양이 바뀌는 단어'를 말하는 거야. 그냥 변하는 게 아니라, 문장 안에서 어떤 역할을 하는가에 따라서 단어의 모양이 변하면 가변어, 그렇지 않으면 불변어가 되는 거지.

그런데 네가 예를 든 '엄마가 오셨다'와 '삼촌이 오셨다'에서 '가'와 '이'의 역할은 똑같아. '가'와 '이'로 모양이 바뀐 이유는 문장 안에서의 역할 때문이 아니라 조사 앞에 놓인 말이 모음으로 끝났는지, 자음으로 끝났는지가 다르기 때문이야. 조사 앞에 오는 말이 모음으로 끝나면 '가', 조사 앞에 오는 말이 '자음'으로 끝나면 '이'가 붙게 되는 거지.

하지만 '가'가 '이'로 변한다고 문장 안에서의 역할이 변하지는 않지. 그러니까 가변어가 아닌 거야. 다시 말하지만, 가변어란 문장 안에서의 역할에 따라서 단어의 모양이 바뀌는 걸 말해.

예를 들어 '예쁘다'는 문장 안에서 체언을 꾸며주는 역할을 하게 되면 '예쁜'으로 변하고, 문장을 이어주는 역할을 하게 되면 '예뻐서', '예쁘고' 등으로 변하고, 서술어를 꾸며주는 역할을 하게 되면 '예쁘게'로 변하게 되잖아. 이렇게 역할에 따라서 단어의 모양이 변하니까 이런 단어를 가변어라고 하는 거야.

요약 정리

한국어의 품사를 쉽고 체계적으로 외우는 방법은 다음과 같습니다.

우선 모양이 변하는 것과 변하지 않는 것끼리 묶어 가변어와 불변어로 나눕니다.

- 가변어에 속하는 것은 용언입니다. 용언은 문장에서 주로 서술어로 쓰입니다.

- 그리고 불변어에 속하는 것은 체언, 수식언, 독립언, 관계언입니다. 이 가운데 체언은 문장의 몸체가 되는 주어로 주로 쓰입니다. 수식언은 문장에서 체언이나 용언을 꾸밉니다. 독립언은 문장에서 다른 성분들과 관계를 맺지 않고 독립적으로 쓰입니다. 관계언은 다른 단어 뒤에 붙어서 문법적인 관계를 나타내 줍니다.

다음은 단어의 뜻이 서로 비슷한 것끼리 묶어 나눕니다.

- 가변어인 용언은 동작이나 과정을 나타내는 동사와, 성질이나 상태를 나타내는 형용사의 묶음으로 나눕니다.

- 불변어인 체언, 수식언, 독립언, 관계언도 세부 묶음을 갖거나 '사'자 이름을 갖게 됩니다. 체언에는 이름을 나타내는 명사, 명사 대신 쓰는 대명사, 숫자를 나타내는 수사의 세부 묶음이 생기고, 수식언에서는 체언을 꾸며 주는 관형사와, 용언을 꾸며 주는 부사의 묶음이 생깁니다. 하지만 독립언이나 관계언은 세부 묶음을 갖지 않고, '사'자 이름을 갖습니다. 독립언은 감탄의 의미를 가지므로 감탄사, 관계언은 체언의 문법적 의미를 도우므로 조사라고 불립니다.

- 그러니까 가변어와 불변어로 나눈 다음, '-언'자 돌림으로 외우고 그 언자 돌림 안에 들어 있는 '-사'자 돌림을 외우면 됩니다.

- 품'사'니까 '사'자 돌림으로 부류의 이름이 정해진 거라고 생각하면 잊어버리지 않을 겁니다.

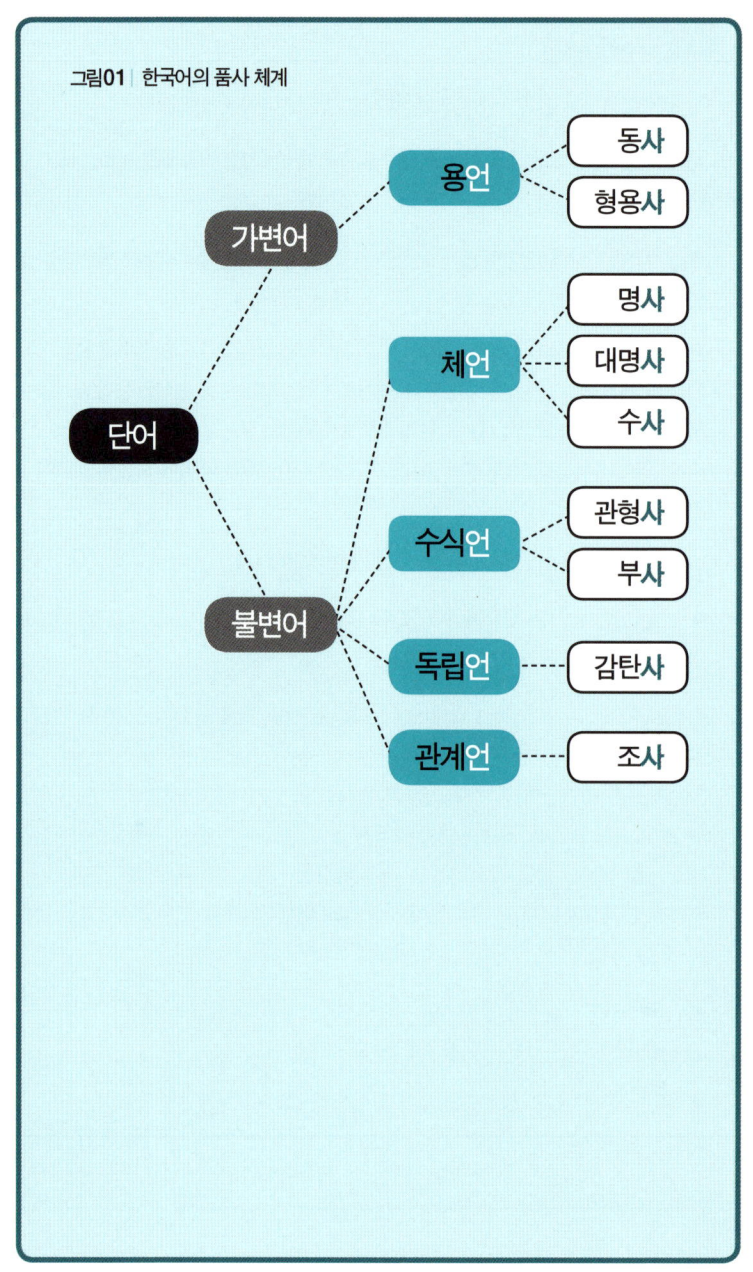
그림01 | 한국어의 품사 체계

한국어의 9품사 하나하나 뜯어보기

3

1 _ 명사

❶ 뜻

　명사(名詞)란 이름을 나타내는 단어의 묶음을 말합니다. '名 이름 명', '詞 말씀 사'를 씁니다. 이름 자체가 이름을 나타내는 단어라는 뜻을 가지고 있어요.

❷ 종류

　명사에는 엄청나게 많은 수의 단어들이 속해 있어요. 9개의 품사 중에서 가장 많은 단어들이 속해 있는 품사입니다.

명사는 더 작은 묶음으로 나누어 묶을 수 있습니다.

나누어 묶는 일을 '분류한다'고 표현하고, 나누어 묶는 기준을 '분류 기준'이라고 표현합니다.

명사의 분류 기준에는 어떤 것이 있을까요? 그리고 그 분류 기준에 따라서 명사는 어떻게 분류될까요?

좀 더 쉬운 예로!

학생 묶음을 더 작은 묶음으로 묶어 보기

현진이 학교에 있는 사람들을 크게 두 묶음으로 묶는다면, 선생님 묶음과 학생 묶음으로 묶을 수 있을 거예요. 그런데 두 묶음 중에서 학생 묶음을 더 작은 묶음으로 나누어 묶고 싶다면 어떻게 할 수 있을까요?

목적에 따라서 성별이라는 기준으로도 나누어 묶을 수 있고, 학년이라는 기준으로 나누어 묶을 수 있습니다. 또, 어디서 태어났는지(출신 지역)를 기준으로도, 그리고 담임 선생님이 누구인지를 기준으로도 나누어 묶을 수 있습니다.

학생 묶음은 이렇게 '성별'에 따라서는 '여학생과 남학생'으로 분류되고, '학년'에 따라서는 1학년, 2학년, 3학년으로 분류되고, 출신 지역에 따라서는 '서울, 경기, 충청, 전라, 경상, 제주' 등으로 분류되고, '담임 선생님'에 따라서는 '김수진 선생님네 반 학생, 이철수 선생님네 반 학생, 박민주 선생님네 반 학생, 정우리 선생님네 반 학생' 등으로 분류됩니다.

I 보통 명사와 고유 명사

분류 기준: 한 개만 가리키는가 여러 개를 가리킬 수 있는가.

- 보통 명사 - 가리키는 대상이 여러 개일 수 있다.
  예) 개, 고양이, 돼지, 사람, 나무, 꽃 등
- 고유 명사 - 가리키는 대상이 딱 하나뿐이다.
  예) 신현진, 이순신, 고려대학교, 새우깡, 코카콜라 등

| 용어를 쉽게 이해하는 법! | **보통과 고유의 뜻** |

'보통'이라는 말은 특별하지 않고 흔히 볼 수 있는 평범한 것이라는 뜻이고, '고유'라는 말은 본래부터 가지고 있는 특유한 것이라는 뜻이에요. 흔하고 평범하다는 것은 여러 개가 있다는 것이고, 고유하다는 것은 딱 하나가 있다는 것입니다. 그래서 보통 명사는 그 이름으로 가리킬 수 있는 것이 여러 개인 것이고, 고유 명사는 그 이름으로 가리킬 수 있는 것이 딱 하나인 것입니다.

> 고모와 대화하면 쉬워져요

석진이네 반에 신석진이 두 명이에요!

궁금한 현진이

고모, 석진이네 반에는 신석진이 둘이래요. 신석진은 고유 명사 같은데 신석진이 둘이면 '신석진'이라는 고유 명사로 두 사람을 가리키게 되는 거잖아요. 고유 명사는 딱 하나만 가리켜야 한다면서요? 좀 이상해요. 헷갈려요, 고모. 도와 주세요!

친절한 고모

맞아, 원래 고유 명사는 한 개체에 하나의 이름을 붙이는 것이 원칙이야. 그런데 이름을 붙이는 사람이 여러 명이고 서로 어떤 이름을 지었는지 모른다면 우연히 같은 이름을 지을 수도 있지 않을까? 석진이네 반에 있는 두 명의 '신석진'을 생각해 보자.
우선, 네 동생 '신석진'의 이름은 누가 지어주셨니?

궁금한 현진이

그야 당연히 우리 할아버지 할머니죠. 제 이름도 그렇고 석진이 이름도 그렇고 동진이와 수진이 이름도 모두 할아버지 할머니가 지어주셨잖아요.

친절한 고모

맞아. 그럼 석진이네 반에 있는 다른 신석진의 이름은 누가 지어준 걸까? 이것도 너희 할아버지 할머니가 지어주신 거니?

신지영 교수의 한국어 문법 여행

궁금한
현진이

그야 물론 아니죠. 아마 걔네 할아버지 할머니나 엄마 아빠가 지어주셨겠죠.

친절한
고 모

맞아. 그러니까 두 신석진의 이름은 같은 사람이 지은 게 아니야. 각자의 부모님 혹은 조부모님께서 지어 주셨을 거야. 그래서 각자의 집에서는 문제가 없었는데, 두 사람이 같은 학교에 입학하게 되고, 또 같은 반 친구로 만나게 되니까 문제가 생긴 거야. 신석진 두 명이 같은 반 친구가 되었으니까.
그런데 신석진 두 명이 같은 반이 되면 친구들이나 선생님들께서 어떻게 하니?

궁금한
현진이

석진이가 그러는데 자기는 키가 좀 커서 친구들이 '큰 신석진'이라고 한대요. 다른 신석진은 '작은 신석진'이라고 하고요.

친절한
고 모

바로 그거야. 두 명의 신석진을 구분하려고 하잖아. 키에 따라서 '큰 신석진', '작은 신석진'이라고 구분하거나, 번호가 앞인 신석진을 '신석진A', 번호가 뒤인 신석진을 '신석진B'와 같이 구분하지. 또, 아예 별명을 붙여 '신석진'이라는 이름 대신에 각자의 별명을 부르기도 한단다.
자, 여기서 주목할 점은 한 반에 신석진이 둘일 경우, 친구들이나 선생님들께서 두 신석진을 구분하려고 한다는 거야. 고유 명사는 가리키는 대상이 하나뿐이어야 하는데 석진이네 반에 '신석진'이 두 사람이라서 가리키는 대상이 둘이 되니까 '신석진'이 더 이상 고유 명사의 구실을 못하게 된 거지. 그래서 '큰 신석진'과 '작은 신석진'처럼 새로운 고유 명사를 만들게 된 거야. 이렇게 되면 '큰 신석진'이 가리키는 대상도 하나가 되고, '작은 신석진'이 가리키는 대상도 하나가 되니까.
그런데 만약 두 사람을 모두 '사람'이라는 보통 명사를 가지고 가리키는 경우를 생각해 보자. '사람'이라는 보통 명사로 두 사람을 가리키는 경우에는 그 둘을 구분하려고 노력하지 않을 거야. 구분을 하지 않아도 전혀 불편하지 않으니까. 큰 신석진도 사람, 작은 신석진도 사람.

자, 이제 그 차이를 알겠지? '사람'은 보통 명사니까 가리키는 대상이 여럿이라도 문제가 없어. 그런데 '신석진'은 고유 명사이기 때문에 가리키는 대상이 하나여야 해. 그래서 고유 명사로 지칭하는 대상이 하나가 아닌 경우가 생기게 되면 그 고유 명사는 제 구실을 하지 못하게 되는 거야. 그래서 사람들은 고유 명사로 가리키는 대상이 하나만 생길 수 있도록 방법을 고민하게 되는 거란다. 즉, 새로 이름을 짓는 거지. '큰 신석진'과 '작은 신석진'처럼 말야.

이제 좀 궁금증이 해결됐니? 이제 어떤 명사가 보통 명사인지, 어떤 명사가 고유 명사인지 잘 구분할 수 있겠지?

Ⅱ 구체 명사와 추상 명사

분류 기준: 구체적인 모습을 갖추고 있는가, 구체적인 모습을 갖추지 못하고 있는가.

구체 명사는 구체적인 모습을 갖추고 있는 것을 이르는 명사입니다.

추상 명사는 구체적인 모습을 갖추지 못해서 머릿속에 그 모습이 그려지지 않는 것을 이르는 명사입니다.

- **구체 명사** - 떠올릴 수 있는 구체적인 모습이 있는가.
    예) 개, 나무, 신수진 등등
- **추상 명사** - 떠올릴 수 있는 구체적인 모습이 없는가.
    예) 사랑, 희망, 꿈, 삶 등등

Ⅲ 자립 명사와 의존 명사

분류 기준: 혼자 쓸 수 있는가 없는가, 즉 독립성이 있는가 없는가.

자립 명사란 혼자 써도 말이 되는 명사를 말합니다.

의존 명사란 혼자 쓰면 말이 되지 않는 명사를 말합니다.

명사 중에는 자립 명사가 대부분이고 의존 명사는 상대적으로 수가 적습니다.

- 자립 명사 - 혼자 써도 말이 된다.
  예) 개, 희망, 꿈, 나무, 신수진 등등
- 의존 명사 - 혼자 쓰면 말이 안 된다.
  예) 것, 따름, 뿐, 데
  명(한 명, 두 명처럼 사람의 수를 세는 단위인 경우),
  살(한 살, 두 살처럼 나이를 세는 단위),
  장(한 장, 두 장처럼 종이를 세는 단위) 등등

> 용어를 쉽게 이해하는 법!

자립과 의존의 뜻

'자립(自 스스로 자, 立 설 립)'이라는 말은 '스스로 서는 것'을 말합니다. '의존(依 의지할 의, 存 있을 존)'이란 '다른 것에 의지해서(기대서) 존재하는 것'을 말합니다. '꽃'이나 '나무'처럼 혼자서 써도 말이 되는 명사를 자립 명사라고 하고, '것, 바, 뿐, 명(한 명, 두 명 할 때처럼 사람의 수를 세는 단위)' 등과 같이 혼자 써서는 말이 되지 않고 다른 요소가 있어야만 말이 되는 명사를 의존 명사라고 합니다.

'꽃'은 '꽃' 그냥 하나만 말해도 말이 됩니다. 하지만 '것'이나 사람의 수를 세는 단위인 '한 명, 두 명' 할 때의 '명'은 그것 하나만 말하면 말이 되지 않습니다. '것'은 '할 것'이나 '먹을 것' 등 앞에 다른 말이 꼭 나와야 합니다. '명'도 '한 명', '두 명', '세 명' 등과 같이 앞에 꼭 다른 말이 나와야 합니다.

의존 명사가 어떻게 명사예요?

고모와 대화하면 쉬워져요

궁금한 현진이

고모, 의존 명사는 의존적이어서 혼자 쓰면 말이 안 되는 거라고 하셨잖아요. 그런데 앞에서 단어는 조사만 빼고 모두 자립적이어서 혼자 써도 말이 된다고 하지 않으셨어요? 좀 이상한 것 같아요.

친절한 고모

맞아, 현진아. 명사는 원래 자립적이어야 하는 게 맞아. 그런데 의존 명사는 명사 중에서 예외적으로 혼자 쓰지 않는 명사들이란다. '것', '따름', '데' 같은 것이나 '한 명, 두 명' 할 때 '명', '한 개, 두 개' 할 때 '개' 등이 그 예야.

의존 명사는 자립성이 약해서 혼자 쓰이지 않고 앞에 꼭 이 의존 명사를 꾸며 주는 단어를 달고 나오지. 그런데 앞에 달고 나오는 것이 체언을 꾸며 주는 단어들이니 그 꾸밈을 받는 것은 당연히 체언이어야겠지? 체언 중에는 명사, 대명사, 수사가 있으니 그중에서는 명사일 테고. 그런데 혼자 쓰이지 않는 단어니까 만약 이 단어를 조사라고 생각한다면 체언이 그 앞에 나와야 돼. 그런데 체언을 꾸며 주는 단어들이 나오고 있어. 그렇다면 조사라고 보기 어렵겠지?

'것'이 명사인지 아닌지 알아보는 방법은 또 있어. '새 것을 샀다'에서 '것' 대신에 들어가는 게 뭘까 바꿔보는 거야. '책, 연필, 컵, 필통, 전화기' 등등 명사들과 바꿀 수 있지? 그리고 뒤에 조사가 붙고 있어. 그러니까 '것'은 명사임에 틀림없어. 그런데 다른 명사들과는 달리 혼자 쓰이지 않고 앞에 꼭 수식하는 말을 달고 나오는 거야. 그래서 자립적이지 못하고 의존적이라 '의존 명사'라고 하는 거야.

Ⅱ 유정 명사와 무정 명사

분류 기준: 감정 표현 능력이 있는가 없는가, 즉 감정 표현 능력 여부

유정 명사란 감정 표현 능력이 있는 것을 이르는 명사입니다.

무정 명사란 감정 표현 능력이 없는 것을 이르는 명사입니다.

'감정 표현 능력'이란 '희로애락', 즉 '기쁨, 노여움, 슬픔, 즐거움'을 표현하는 능력을 말합니다. 사람이나 동물은 감정이 있고 이를 표현할 수 있지만, 식물이나 무생물은 감정이 없고, 있다고 하더라도 이를 표현할 수 없습니다. 그래서 사람이나 동물을 가리키는 명사를 유정 명사라고 하고, 식물이나 무생물을 가리키는 명사를 무정 명사라고 합니다.

- 유정 명사 - 감정을 표현할 수 있는 능력이 있다.
  예) 사람, 신수진, 강아지, 고양이, 표범 등등
- 무정 명사 - 감정을 표현할 수 있는 능력이 없다.
  예) 나무, 풀, 책상, 의자, 전화기, 인형 등등

요약 정리

- 명사는 이름을 나타내는 단어들의 묶음을 말합니다.

- 명사는 보통 다음에 보이는 네 가지 기준에 따라 더 작은 묶음으로 분류됩니다. 그 네 가지 기준은 다음과 같습니다.

  1) 한 개만 가리키는가 아닌가, 즉 여러 개를 가리킬 수 있는가 없는가.
     - 고유 명사: 한 개만 가리킨다. 여러 개를 가리킬 수 없다.
     - 보통 명사: 한 개만 가리키지 않는다. 여러 개를 가리킬 수 있다.

  2) 구체적인 모습을 갖추고 있는가 없는가.
     - 구체 명사: 손으로 만질 수 있다.
     - 추상 명사: 손으로 만질 수 없다.

  3) 혼자 쓸 수 있는가 없는가.
     - 자립 명사: 혼자 써도 말이 된다.
     - 의존 명사: 혼자 쓰면 말이 안 된다.

  4) 감정 표현 능력이 있는가 없는가.
     - 유정 명사: 감정 표현 능력이 있다.
     - 무정 명사: 감정 표현 능력이 없다.

연습해 봅시다 1

- 다음 문장을 읽고 명사에 해당하는 것을 모두 고르세요.

  > 고모가 가진 것은 동물 모양 인형이고, 신현진이 가진 것은 움직이는 로봇이다.

● 궁금한 사항은 미다스북스 블로그 '신지영 교수의 한국어 문법 여행' 게시판에 질문해 보세요.

> **연습해 봅시다 2**

- '얼룩말'의 품사는 명사입니다. 그럼 얼룩말은 다음 중 어느 부류에 속한 명사일까요? 해당하는 부류에 동그라미를 하세요.

    1)   보통 명사   고유 명사
    2)   구체 명사   추상 명사
    3)   자립 명사   의존 명사
    4)   유정 명사   무정 명사

● 궁금한 사항은 미다스북스 블로그 '신지영 교수의 한국어 문법 여행' 게시판에 질문해 보세요.

2. 대명사

❶ 뜻

대명사란 명사를 대신하는 단어의 묶음을 말합니다.

'代 대신할 대', '名 이름 명', '詞 말씀 사', 그러니까 명사를 대신하는 단어라는 뜻입니다.

❷ 종류

대명사에는 인칭 대명사와 지시 대명사가 있습니다.

인칭 대명사는 사람을 가리키는 대명사입니다. '人 사람 인'에 '稱 일컬을 칭', 그러니까 사람을 일컫는 대명사라는 뜻입니다.

예) 나, 너, 우리, 너희, 그대, 누구

지시 대명사는 사물이나 처소(장소) 등을 가리키는 대명사입니다. '指 가리킬 지'에 '示 보일 시', 가리켜 보인다는 뜻입니다. 물건 혹은 장소를 가리켜 보인다는 뜻이지요. 달리 말해서 사람 이외의 명사를 대신 일컫는다고 생각하면 됩니다.

예) 이, 그, 저, 여기, 거기, 저기

대명사가 가리키는 것

'나'라는 대명사를 예로 들어 생각해 봐요. '나'는 어떤 명사를 대신한 건가요?

'나'는 고모에게는 '신지영'이라는 명사를, 현진이에게는 '신현진'이라는 명사를 대신하는 거예요. 그래서 "나는 밥을 먹었어요"라는 말을, 고모가 했다면 '나'는 신지영이지만, 현진이가 했다면 '나'는 신현진이 되는 거죠. 즉, '나'는 신지영과 신현진은 물론, 말하는 사람 누구나를 대신해서 사용되는 단어입니다. 그러니까 '나'는 대명사가 되는 거죠.

그래서 대명사가 나오면 그게 무엇을 가리키는 것인지를 해석해야 합니다. 그게 무엇 대신 쓰였는지 문맥(= 글의 앞뒤 맥락)을 잘 살펴야 해요. 문맥을 파악해서 무엇 대신 쓰였는지 알지 못하면 글을 이해하기가 어렵게 되는 것이죠.

이제 시험 문제 중에 대명사가 지시하는(가리키는) 게 무엇인지를 묻는 문제가 나오는 이유를 알겠죠? 시험 문제를 내기 위해서가 아니라 글을 읽을 때 대명사가 무엇을 지시하는지 정확하게 알지 못하면 글을 제대로 읽을 수 없기 때문이에요. 글을 잘 이해하게 하기 위해서 문제를 통해 맥락을 파악하는 훈련을 하는 것이랍니다.

요약 정리

- 대명사는 명사를 대신하는 단어입니다.
- 대명사의 종류는 다음과 같습니다.
  1) 인칭 대명사: 사람을 가리킴.
  2) 지시 대명사: 사물이나 장소를 가리킴.

연습해 봅시다 1

- 아래 글에서 '나'는 누구일까요?

  > 희영이가 희진이에게 말했습니다. "나는 어제 친구들과 극장에 갔어."

● 궁금한 사항은 미다스북스 블로그 '신지영 교수의 한국어 문법 여행' 게시판에 질문해 보세요.

연습해 봅시다 2

- 다음은 신현진이 쓴 일기입니다. 글에서 대명사를 모두 고르고, 그 대명사가 가리키는 바가 무엇인지 쓰세요.

> 나는 어제 국립현대미술관에 갔다. 그곳에는 많은 그림이 전시되어 있었다. 그런데 거기서 나는 특히 이중섭의 그림이 마음에 들었다.

● 궁금한 사항은 미다스북스 블로그 '신지영 교수의 한국어 문법 여행' 게시판에 질문해 보세요.

3 수사

① 뜻

수사란 사물의 수량이나 순서를 나타내는 단어의 묶음을 말합니다. '數 셈 수', '詞 말씀 사'로 구성된 단어인데 '수량(수와 양)'과 '순서'를 세는 데 사용되는 단어들입니다.

② 종류

수량을 나타내는 양수사(量數詞)

양수사는 '수량 수사'의 줄임말입니다. 수량을 나타내는 수사의 종류를 말합니다. 양수사는 또 기수사(基數詞)라고도 불리는데 기수사란 '기본 수사'의 줄임말입니다. 수사는 수량을 나타내는 것이 기본이죠. 수량을 나타내는 수사가 기본 수사이기 때문에 '기수사'라고도 불리는 것입니다.

　　　　예) '하나, 둘, 셋' 등 수량을 나타내는 말

순서를 나타내는 서수사(序數詞)

서수사란 '순서 수사'의 줄임말입니다. 순서를 나타내는 수사의 종류를 말합니다.

　　　　예) '첫째, 둘째, 셋째' 등 순서를 나타내는 말

수량과 순서가 어떻게 달라요?

> 고모와 대화하면 쉬워져요

궁금한 현진이: 고모, 수량과 순서가 어떤 차이가 있는지 잘 모르겠어요.

친절한 고모: 수량이란 "몇 개?"라는 질문에 대답하는 것을 말해. 즉, 셀 수 있는 개수를 말하는 거야. 그런데 순서라는 것은 "몇 번째?"라는 질문에 대답하는 것을 말해.
  예를 들어 볼게. 고모 형제는 고모, 너희 아빠와 작은아빠 이렇게 삼남매지? 그럼 고모 형제는 모두 몇 명이니?

궁금한 현진이: 모두 세 명이요.

 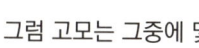
친절한 고모: 그럼 고모는 그중에 몇째니?

궁금한 현진이: 첫째요.

친절한 고모: 맞아. 고모 형제의 수량은 셋이고, 고모의 순서는 첫째지. 여기서 '셋'은 양수사, '첫째'는 서수사인 거야.

1편 단어의 세계

요약 정리

- 수사는 사물의 수량이나 순서를 나타내는 단어들의 묶음입니다.
- 수사의 종류는 다음과 같습니다.

    1) 양수사: 수량을 나타냄.
    2) 서수사: 순서를 나타냄.

> **연습해 봅시다 1**

- 다음 문장에서 체언을 모두 고르고 각 체언의 품사가 무엇인지 쓰세요.

1) 사과 두 개 중에 하나만 먹어라.
2) 둘에 셋을 더하면 다섯이 된다.
3) 다섯 사람이 한 개씩 사과를 먹으면 준비해야 하는 사과의 수는 다섯이다.
4) 부모의 사랑은 첫째, 둘째를 가리지 않는다.
5) 첫째 아이가 사과 세 개, 둘째 아이가 사과 두 개를 먹어서 두 아이가 먹은 사과의 수는 모두 다섯이다.

- 궁금한 사항은 미다스북스 블로그 '신지영 교수의 한국어 문법 여행' 게시판에 질문해 보세요.

4. 동사와 형용사

❶ 뜻

동사는 사물의 동작을 나타내는 단어이고, 형용사는 사물의 성질이나 상태를 나타내는 단어입니다.

'動 움직일 동', '詞 말씀 사'로 구성된 '동사'는 말 자체가 움직임을 나타내는 단어라는 뜻을 가지고 있습니다.

'形 모양 형', '容 얼굴 용', '詞 말씀 사'로 구성된 '형용사'도 말 자체가 모양, 용모 등을 나타내는 단어라는 뜻을 지니고 있지요.

동사와 형용사는 한국어에서 서술어 역할을 하는 단어들입니다. 서술어에 대해서는 문장의 세계를 여행하면서 문장 성분을 이야기할 때 자세히 설명해 줄게요.

❷ 활용

동사와 형용사의 가장 큰 특징은 활용을 한다는 것입니다.

활용이란 동사와 형용사가 문장 안에서 적당한 역할을 하기 위해서 모양을 바꾸는 것을 말합니다.

활용이라는 말이 응용하여 사용한다, 충분히 잘 이용한다는 뜻이니까 동사와 형용사를 활용한다는 것은 문장 안에서 역할에 맞게 동사와 형용사를 잘 이용한다는 뜻이 됩니다.

　동사와 형용사는 활용을 하지 않으면 문장 안에서 충분히 잘 이용되기가 어렵습니다. 예를 들어 '나는 어제 밥을 먹다'라는 말을 생각해 봐요. 이 문장이 어색한 것은 '먹다'라는 동사가 문장에 맞게 활용되지 않아서입니다. 시제는 과거이고 문장을 끝내야 하니까 문장 안에서의 역할에 맞게 '나는 어제 밥을 먹었다'와 같이 활용되어야 자연스러운 한국어가 됩니다.

❸ 어간과 어미

　동사와 형용사가 활용을 할 때는 변하지 않는 부분과 변하는 부분이 있습니다. 변하지 않는 부분을 어간, 변하는 부분을 어미라고 합니다.

　'먹었다'에서 '먹-'은 어간, '-었다'는 어미입니다. '먹다'는 '먹고, 먹으니, 먹어서, 먹게, 먹지' 등과 같이 활용합니다. 여기서 '먹-'은 활용할 때 변하지 않는 부분이고, '-고, -으니, -어서, -게, -지' 등은 상황에 따라서 변하는 부분입니다. 그러니까 '먹-'은 어간이고, '-고, -으니, -어서, -게, -지' 등은 어미입니다.

　동사나 형용사의 어간에는 그 단어의 진짜 뜻이 담겨 있습니다. 반면에 어미는 그 단어가 문장 안에서 어떤 역할을 수행하는지를 알려 주는 뜻이 담겨 있습니다.

그러니까 동사를 가지고 어떤 동작을 표현하고자 하는가, 혹은 형용사를 가지고 어떤 성질이나 상태를 표현하고자 하는가에 따라서 우리는 어떤 '어간'을 선택할까를 고민합니다.

반면에 해당 동사나 형용사가 문장 안에서 어떤 역할을 하는지, 언제 일어난 일에 대해 말하고자 하는지, 그 문장을 쓰고 읽는 사람 사이의 관계는 어떤지 등을 표현하기 위해서 우리는 어떤 '어미'를 선택할까를 고민합니다.

예를 들어 '동진이는 밥을 먹었다'와 같은 문장이 있다고 생각해 봐요. 이 문장을 밥을 '먹는 것'이 아니라 '만드는 것'에 대해 말하는 문장으로 바꾸고 싶다면 동사의 어간 '먹-' 대신에 '짓-'을 써서 '동진이는 밥을 지었다'로 바꾸어야 합니다. 하지만 동진이가 밥을 먹었는지 궁금해서 물어보고 싶다면 '동진이는 밥을 먹었냐?'와 같이 어미를 바꾸어야 합니다.

> 고모와 대화하면 쉬워져요

줄표는 뭘까?

궁금한 현진이: 고모, '먹-'이나 '-다'에 있는 줄 표시는 무슨 뜻이에요? 그리고 왜 그 줄이 어떤 때는 왼쪽에, 어떤 때는 오른쪽에 있어요? 잘 보니까 어간의 경우에는 그 오른쪽에, 어미의 경우에는 그 왼쪽에 줄 표시가 있는 것 같은데 맞나요?

친절한 고모: 와, 현진이의 관찰력이 놀랍다! 예리해! 고모가 위에 쓴 것을 잘 보면 현진이가 말한 대로 어간에는 어간 오른쪽에 줄 표시가 있고 어미에는 어미 왼쪽에 줄 표시가 있다는 것을 알 수 있어. 그럼 왜 이런 표시를 했는지 얘기해 줄게.

이 표시를 한 것은 이 표시를 한 곳에 뭔가 말이 붙어야만 온전한 단어가 된다는 뜻이야. 그렇지 않으면 온전한 단어가 될 수 없다는 뜻이지. 어간 '먹-'이나 '작-'은 혼자 쓰이지 못하고 줄로 표시를 한 곳에 어미가 있어야만 혼자 쓰일 수 있는 온전한 단어가 된다는 뜻이야. 어미도 마찬가지지. '-어/아, -게, -지, -고'는 어미를 표시한 것인데 마찬가지로 어미 혼자서는 쓰일 수 없고, 어미 앞쪽 줄로 표시된 부분에 어간이 있어야만 단어가 된다는 뜻이야.

> 고모와 대화하면 쉬워져요

그럼 사선은 또 뭘까?

궁금한 현진이
　고모, 이번에는 어미 중에 '-아/어'의 경우는 왜 다른 어미들과는 달리 '-아/어'처럼 중간에 사선 표시가 있는 거예요? 이것도 뭔가 이유가 있을 것 같아요.

친절한 고모
　맞아, 현진아. 사선 표시 하나도 그냥 넘어가지 않는 그 태도는 아주 좋은 거야. 호기심이 많은 것은 참 좋은 일이야. 궁금함이 생기면 그 궁금증이 해결될 때까지 어른들에게 묻거나 책을 찾아보거나 인터넷을 찾아보는 것이 좋아. 물론, 고모네 놀러와서 마음껏 물어 봐도 좋아. 언제든지 환영이야. 고모를 직접 만나기 어렵다면 이메일을 보내거나 전화를 해도 좋고.

궁금한 현진이
　알았어요, 고모. 근데 빨리 답 좀 가르쳐 주세요. 궁금해요.

친절한 고모
　그럼, '-아/어'의 경우에 사선 표시가 중간에 왜 있는지 설명해 볼게. 이 사선 표시는 사선 표시의 왼쪽 혹은 오른쪽에 있는 것 중의 하나가 때에 따라서 선택된다는 뜻이야. 그러니까 '-아/어'의 의미는, 어떤 때는 '-아'라는 어미가 선택되고, 어떤 때는 '-어'라는 어미가 선택된다는 뜻이지.
　그럼 어떤 때, 어떤 형태의 어미가, 왜 선택될까? 즉, 어미 선택의 기준은 무엇일까?
　어미의 선택 기준은 어간의 끝음절 모음이 무엇인가 하는 거야. 어간의 끝음절 모음이 'ㅏ'나 'ㅗ'일 때는 '-아'가 쓰이고, 어간의 끝음절 모음이 그 이외의 모음일 때는 '-어'가 쓰인단다. 그러니까 '먹다'의 어간은 '먹-'인데, 그 어간의 끝음절 모음이 'ㅓ'니까 어미는 '-어'가 붙어서 '먹어'가 되는 거야. 하지만 '막다'라는 동사의 경우는 어간이 '막-'이어서 어간의 끝음절 모음이 'ㅏ'이기 때문에 어미 '-아'가 붙게 되지. 그래서 '막아'가 되는 거야.

궁금한
현진이

아, 그렇군요. 근데, 고모, 왜 어간의 끝음절에 오는 소리에 따라서 어미가 다르게 선택되는 건가요?

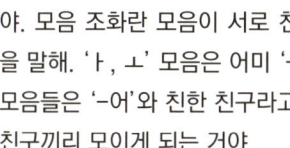
친절한
고 모

이렇게 어간의 끝에 오는 소리에 따라서 어미가 달리 선택되는 이유는 한국어가 '모음 조화'를 하는 언어이기 때문이야. 모음 조화란 모음이 서로 친한 것끼리 함께 어울리는 것을 말해. 'ㅏ, ㅗ' 모음은 어미 '-아'와 친한 친구이고, 나머지 모음들은 '-어'와 친한 친구라고 생각하면 쉬워. 그래서 친한 친구끼리 모이게 되는 거야.

공부를 했으니 연습을 해 볼까?
고모가 말하는 용언들을 어미 -아/어로 활용해 봐. '심다, 놀다, 깎다, 얻다, 멋있다, 개다, 세다'.

궁금한
현진이

심다는 '심어', 놀다는 '놀아', 깎다는 '깎아', 얻다는 '얻어', 멋있다는 '멋있어', 개다는 '개어', 세다는 '세어'요.

친절한
고 모

모두 맞았어. 이렇게 앞에 오는 어간 끝음절의 모음에 따라서 어미 '-어' 또는 '-아'가 선택된단다.

❹ 동사와 형용사 구별하기

동사는 동작을, 형용사는 모양이나 성질을 나타낸다는 차이점이 있기는 하지만 동사와 형용사는 모두 활용을 한다는 공통점 때문에 그냥 모양만으로는 잘 구분이 가지 않습니다.

이때 아주 쉽게 동사인지 형용사인지 구별을 할 수 있는 방법이 있습니다.

'지금 나는 XX다'에서 XX에 어간을 넣어 말이 되는지 안 되는지를 알아보는 것입니다. 말이 되면 형용사, 말이 안 되면 동사입니다.

'먹다'와 '예쁘다'를 예로 들어 봐요.

'먹다'의 어간은 '먹-'이죠. 그럼 '지금 나는 XX다'의 'XX' 대신 '먹-'을 넣으면 됩니다. '예쁘다'의 어간은 '예쁘-'죠. 그럼 '지금 나는 XX다'의 'XX' 대신 '예쁘-'를 넣으면 됩니다.

'지금 나는 먹다'는 이상하고 '지금 나는 예쁘다'는 이상하지 않아요. '먹다'는 동사이고, '예쁘다'는 형용사라서 그렇습니다. '지금 나는 XX다'의 XX 대신 어간이 들어가서 말이 되면 형용사, 말이 안 되고 어색하면 동사입니다.

그밖에도 '명령문'이나 '청유문'을 만들어 보는 방법도 있어요.

'명령문(-아/어라)'이나 '청유문(-자)'을 만들어서 말이 되면 동사입니다. 그런데 명령문이나 청유문을 만들었더니 말이 이상하고 어색하면 형용사입니다.

 '먹다'와 '예쁘다'를 가지고 실험해 봐요. '먹다'는 '먹어라'처럼 명령문이 될 수 있고, '먹자'처럼 청유문이 될 수 있어요. 어색하지 않아요. 그러니까 동사죠.

 그런데 '예쁘다'는 어떤가요? '예뻐라!', '예쁘자' 좀 이상하죠? 어색해서 웃음이 나와요. 친구들에게 농담을 할 때 억지로 하는 것이 아니면 이런 말은 쓰지 않을 것 같아요. 그러니까 '예쁘다'는 형용사가 되는 것입니다.

고모와 대화하면 쉬워져요

어간의 끝이 'ㅡ'로 끝나면?

궁금한 현진이

고모, 이제 동사와 형용사를 구분하는 건 아주 쉬워졌어요. 그런데 설명을 듣다 보니 궁금한 게 또 생겼어요. 궁금한 게 꼬리에 꼬리를 물어요.

'예쁘다'는 왜 명령형일 때 '예쁘어'가 아니라 '예뻐'가 돼요? 명령문을 만드는 어미는 '-어/아라'잖아요. 고모가 가르쳐 주신 대로라면 '예쁘다'는 어간이 '예쁘-'니까 어간의 끝 음절 모음이 'ㅡ'고, 그럼 어미 '-어라'가 붙어야 되는 거 아닌가요? 물론, '예쁘라'는 말이 안 되는 말이니까 상관이 없을 것 같기도 하지만 뭔가 좀 이상해요.

아, 생각해 보니 '이 꽃이 예뻐서 샀다'와 같이 말할 때 '예뻐서'도 어간 '예쁘-'에 어미 '-어서'가 붙은 경우니까 말이 되는 경우에도 'ㅡ'가 없어지는 것 같아요. '예쁘어서'가 아니라 '예뻐서'가 되잖아요.

친절한 고모

궁금함은 원래 꼬리에 꼬리를 물게 돼 있어. 그리고 아는 게 많아질수록 궁금한 게 더 많아지게 되는 법이야. 궁금한 것을 자꾸 질문하고 그러면서 답을 찾아가다 보면 멋진 발견을 할 수도 있게 된단다. 남들이 하지 않은 질문을 생각해 내고 남들이 찾지 못한 답을 찾는 즐거움이야말로 세상에서 가장 큰 즐거움 중의 하나일 거야. 이게 바로 공부하는 즐거움이지!

궁금한 현진이: 고모, 또 옆으로 새고 계세요.

친절한 고모: 미안. 공부하는 즐거움을 나누고 싶은 마음에 그만……. 그럼 다시 본론으로 돌아가 보자.

'예쁘다'의 어간은 '예쁘-'까지야. '예쁘-'는 어간이 모음 'ㅡ'로 끝나는 어간이지. 이렇게 끝이 'ㅡ'로 끝나는 어간이 모음으로 시작하는 어미와 만나면 'ㅡ'가 탈락하는 일이 생겨. 'ㅡ'는 아주 약한 모음이거든. 한국어 모음 중에서 제일 약한 모음이라고 생각하면 돼.

이렇게 모음 'ㅡ'가 탈락하는 일은 형용사에서만 일어나는 것이 아니라 동사에서도 일어난단다. 활용에서는 무조건 일어나는 일이지. 예를 들어 '쓰다'를 생각해 보자. '쓰고, 쓰니'와 같이 자음으로 시작하는 어미가 올 때는 탈락이 안 되는데, '쓰+어', '쓰+어서'와 같이 모음으로 시작하는 어미가 오니까 '쓰어, 쓰어서'가 아니라 '써, 써서'와 같이 'ㅡ'가 탈락돼. 이제 알겠지?

본용언과 보조 용언

고모와 대화하면 쉬워져요

궁금한 현진이

고모, 어떤 책을 보니까 본용언과 보조 용언이라는 말이 나와요. 용언이란 동사와 형용사를 함께 묶어서 말하는 거잖아요. 근데 왜 용언을 또 이렇게 나누는 거예요? '본'이란 '본래', 뭐 그런 뜻인 것 같고, '보조'란 '보조한다, 돕는다'는 뜻 같은데 정확히 잘 모르겠어요. 도와주세요, 고모.

친절한 고모

본용언, 보조 용언이라는 문법 용어를 봤구나. 현진이가 추측한 대로 '본용언'은 근본, 기본이 되는 용언을 말하고, '보조 용언'이란 본용언을 보조하는 용언을 말해. 예를 들어 설명해 볼게. 다음 두 문장을 비교해 보자.

1) 나는 밥을 먹었다.
2) 나는 밥을 먹어 버렸다.

문장 1)과 2)는 기본적인 의미가 같아. 말하고자 하는 행동은 '먹는 것', 그 행동을 하는 주체는 '나', 그리고 행동의 대상이 되는 것은 '밥'이지. 하지만 2)는 '버렸다' 덕분에 '먹었다'는 의미에 부가적인 의미가 더해지지. 먹는 행동이 이미 끝났다는 의미와 함께 그래서 좀 서운한 감정이 든다는 의미가 부가적, 보조적으로 전달되는 것 같지 않니? '버리다'를 보조 용언이라고 하는 것이 바로 '버리다'가 이러한 보조적인 의미를 더하기 때문이야.

궁금한 현진이

아, 그렇군요. 본용언과 보조 용언이라는 이름을 이해하니까 어려운 문법 용어도 쉽게 이해가 돼요. 그리고 기억하기도 쉬울 것 같아요.

다행이네. 그럼 보조 용언에 대해 조금 더 설명해 줄게.
앞에서 예를 들었던 '나는 밥을 먹어 버렸다'에서 '버리다'는 보조 용언이기 때문에 '버리다'를 없애고 '나는 밥을 먹었다'와 같이 말해도 핵심적이고 본래적인 의미는 모두 전달되지. 그러니까 '버리다'는 보조적인 거야. 핵심적인 게 아니라.
또, '버리다'의 원래 의미는 '필요 없는 물건을 내던지거나 쏟거나 하다'이지만, '나는 밥을 먹어 버렸다'에서 '버리다'는 그런 의미로 쓰인 것이 아니지. 이 문장에서 쓰인 '버리다'에서 내던지거나 쏟는 동작이 연상되지 않는다는 것을 통해 알 수 있어.
결국, '버리다'는 본용언으로 쓰일 때도 있고 보조 용언으로 쓰일 때도 있는데, 본용언으로 쓰이면 '필요 없는 물건을 내던지거나 쏟거나 하'는 동작이 연상되지만, 보조 용언으로 쓰이면 그런 동작이 연상되지 않는다는 것이 핵심이야. 이제 알겠지?

친절한 고 모

요약 정리

- 동사는 동작을 나타내는 단어들의 묶음이고, 형용사는 성질이나 상태를 나타내는 단어들의 묶음입니다.

- 문장에서는 주로 서술어 역할을 합니다.

- 동사와 형용사는 활용을 하는 것이 특징인데, 활용이란 문장 안에서 역할에 맞게 단어의 모양을 바꿔 주는 일을 말합니다.

- 동사와 형용사가 활용을 할 때 변하지 않는 부분을 어간, 변하는 부분을 어미라고 합니다. 동사와 형용사는, 어간은 그대로 두고 문장 안에서의 역할에 맞게 어미를 바꾸어 쓰는 것입니다.

- 동사와 형용사를 구분하는 방법은 여러 가지가 있습니다.

    1) '지금 나는 ___다'에 넣어서 말이 안 어색하면 형용사, 말이 어색하면 동사.
    2) 명령문을 만들었을 때 안 어색하면 동사, 어색하면 형용사.
       명령문을 만드는 방법은 어미 '-아/어라'를 붙여 보면 됩니다.
    3) 청유문을 만들었을 때 안 어색하면 동사, 어색하면 형용사.
       청유문을 만드는 방법은 어미 '-자'를 붙여 보면 됩니다.

연습해 봅시다 1

- 다음 용언의 품사가 무엇인지 적으세요.

  1) 살다
  2) 착하다
  3) 멋있다
  4) 고생하다
  5) 걷다
  6) 놀다
  7) 공부하다
  8) 귀엽다

● 궁금한 사항은 미다스북스 블로그 '신지영 교수의 한국어 문법 여행' 게시판에 질문해 보세요.

연습해 봅시다 2

- '젊다'와 '늙다'의 품사는 무엇일까요? 그렇게 생각할 수 있는 이유를 설명해 보세요.

- 궁금한 사항은 미다스북스 블로그 '신지영 교수의 한국어 문법 여행' 게시판에 질문해 보세요.

5 관형사와 부사

❶ 뜻

관형사는 체언을 꾸며 주는 기능을 하는 단어를, **부사**는 용언을 꾸며 주는 기능을 하는 단어를 말합니다.

꾸며 주는 기능을 하기 때문에 관형사와 부사는 '수식언'으로 묶이는 것입니다.

관형사는 '冠 갓 관', '形 모양 형', '詞 말씀 사'로 풀 수 있는데, '갓'은 옛날 우리 조상들이 썼던 '모자'의 하나죠. 모자를 써서 외모를 꾸미는 것처럼 관형사를 가지고 명사를 꾸민다고 생각하면 됩니다.

부사는 '副 버금 부', '詞 말씀 사'로 풀 수 있는데, 버금가는, 즉 둘째가는 단어라는 뜻입니다. 부사가 둘째가는 단어인 이유는 꼭 필요한 것이 아닌 단어이기 때문입니다.

관형사와 부사는 모두 꾸며 주는 역할을 하는 단어이기 때문에 꾸밈을 받는 단어들의 뜻을 더 자세하고 분명하게 해 줍니다.

예를 들어 '새 책'의 '새'는 '책'이라는 명사를 꾸며 주는 역할을 하는 관형사입니다. 관형사 '새'를 씀으로써 책 중에서 '사용하거나 구입한 지 얼마 되지 않은 책'이라고 그 범위를 한정(제한하여 정함)합니다.

또, '빨리 달린다'의 '빨리'는 동사 '달린다'를 꾸며 줌으로써 달리는 동작을 더 자세하고 분명하게 해 줍니다.

그림01 | 관형사의 한정 기능

❷ 종류

관형사의 종류에는 성상 관형사, 지시 관형사, 수 관형사가 있습니다.

성상 관형사는 성질이나 상태, 모양 등을 나타내는 관형사를 말합니다.

예) 새, 헌, 순(純)
새 책, 헌 책, 순 우리말 등

지시 관형사는 특정 대상을 지시하는, 즉 가리켜 보이는 관형사를 말합니다.

예) 이, 그, 저, 다른 등

이 책, 그 책, 저 책, 다른 책 등

수 관형사는 사물의 수나 양을 나타내는 관형사를 말합니다.

예) 한, 두, 세, 열 등

한 권, 두 사람, 세 개, 열 마디 등

부사의 종류에는 성분 부사, 문장 부사가 있습니다.

성분 부사는 문장의 한 성분을 꾸며 주는 부사를 말합니다.

예) 아주, 매우, 빨리, 가끔, 안, 못 등

나는 친구를 <u>아주</u> 좋아한다.

위 문장에서 밑줄 친 '아주'는 문장 내의 한 성분인 '좋아한다'를 꾸며 주고 있습니다. '아주'가 '좋아한다'를 꾸며 주면서 좋아하는 정도를 표현해 줍니다.

문장 부사는 문장 전체를 꾸미거나 문장과 문장을 잇는 부사를 말합니다.

예) 과연, 어찌, 정녕, 하물며, 그러나, 그리고, 그렇지만, 즉 등

<u>**과연**</u> **사랑의 힘은 크다.**

위 문장에서 밑줄 친 '과연'은 문장 안의 한 성분을 꾸며 주는 것이 아니라, 문장 전체를 꾸며 줍니다. 문장 전체를 꾸며 주고 있는 '과연'을 통해, 나는 내가 하는 말에 대한 나의 태도를 보여 주고 있습니다. '사랑의 힘은 크다'라는 말에 대해 나는 '과연'이라는 부사를 써서 '생각과 실제가 같음을 확인했다'는 태도를 보여 주고 있습니다. '과연'을 붙임으로써 '사랑의 힘이 크다고 생각은 했었는데 실제로 그렇다는 것을 확인했다'고 내가 생각하고 있음을 드러내게 되는 것입니다.

수사와 수 관형사

다음에 보인 예들을 비교해 봐요.

예)
1) <u>열</u>은 <u>다섯</u>보다 <u>다섯</u>이 많다.
2) <u>열</u> 개는 <u>다섯</u> 개보다 <u>다섯</u> 개가 많다.
3) <u>첫째</u>가 <u>둘째</u>보다 키가 작다.
4) <u>첫째</u> 아들이 <u>둘째</u> 아들보다 키가 작다.

1)과 2)에 보인 '열, 다섯', 3)과 4)의 '첫째, 둘째'는 서로 형태가 같아요. 하지만 품사는 서로 같지가 않습니다. 1)과 3)에 밑줄 친 '열, 다섯, 다섯, 첫째, 둘째'는 모두 수사이지만, 2)와 4)에 밑줄 친 '열, 다섯, 다섯, 첫째, 둘째'는 모두 관형사입니다. 2)와 4)에 밑줄 친 단어들은 모양이 비록 1)과 3)에 밑줄 친 단어들과 똑같지만 품사는 다른 것입니다.

2)와 4)의 단어들은 1)과 3)의 단어들과는 달리 뒤에 오는 단어들을 꾸며주고 있기 때문입니다. 2)와 4)에 밑줄 친 단어들은 모두 명사를 뒤에 달고 있습니다. 그리고 그에 뒤따르는 명사를 꾸며주는 일을 합니다. 명사를 꾸며주는 일을 하는 단어는 관형사입니다. 관형사 중에서 사물의 수나 양을 나타내는 관형사인 수 관형사입니다. '모양이 같지만 하는 일이 다르기 때문에 두 단어는 같은 단어라고 보기 어렵구나' 하고 이해하고 서로 구분할 줄만 알면 됩니다.

> 고모와 대화하면 쉬워져요

영어의 접속사와 한국어의 접속 부사

궁금한 현진이

고모, '그리고, 그러나'를 영어로 하면 'and, but'이죠? 영어에서 이 단어들의 품사는 '접속사'라고 배웠어요. 그런데 한국어에서는 '접속사'라는 품사가 없고, '그리고, 그러나'가 문장 부사 중의 하나인 접속 부사라고 되어 있어요. 왜 이렇게 다른 거예요? 또 언어가 달라서 그런 건가요?

친절한 고모

그래, 맞아. 역시 언어의 차이지. 뜻으로 보면 '그리고, 그러나'가 'and, but'과 거의 같아. 그런데 문장 안에서의 역할은 좀 다르지. '그리고'와 'and'가 서로 어떻게 다른지 비교해 볼까?

그럼 영어에서 'and'가 쓰인 문장을 생각해 보자. 'He took a stone and threw it', 'There are two chairs and a table in this room'을 살펴볼까? 이 두 문장을 한국어로 옮기면, '그는 돌을 집어서 던졌다'와 '이 방에는 두 개의 의자와 한 개의 탁자가 있다'와 같을 거야.

궁금한 현진이

어, 고모 한국어로 옮기니까 '그리고'가 없어요. 영어의 'and'가 '집어서'의 '-어서'와 '의자와'의 '와'로 바뀌네요!

친절한 고모

바로 그거야. 'and'라는 단어가 한국어에서는 '-어서'라는 어미나 '와'라는 조사에 대응되는 거야. 한국어에서 '-어서'

는 어미니까 단어가 아니고, '와'는 조사니까 단어는 단어지.
 물론, 'and'를 '그리고'에 대응시킬 수도 있어. '그는 돌을 집어서 그리고 던졌다'처럼 말야. 그런데 이때 '그리고'는 없어도 괜찮은 단어야. 그런데 영어는 어떠니? 'He took a stone threw it'처럼 'and'를 안 쓰면 틀린 문장이 되지.
 그러니까 한국어와 영어의 '그리고'와 'and'는 문장 안에서의 기능이 다른 거지. 한국어에서 '그리고'는 '부사'이기 때문에 필수적인 성분이 아니어서 생략해도 문제가 없지만, 영어에서 'and'는 부사가 아니라 '접속사'니까 접속사가 있어야 하는 문장에서는 꼭 있어야만 그 문장이 문법에 맞는 문장이 되는 거야.
 물론, 영어에도 접속 부사가 있어. 'therefore, however' 등이 그 예인데, 이 단어들은 접속사가 아니라 접속 부사이기 때문에 이 단어들이 없어도 문법적으로 틀린 문장이 되지 않아. 또, 일반적인 부사들처럼 문장 안에서 여러 위치에 올 수도 있지. 즉, 문장의 맨 앞에뿐만 아니라 주어 뒤에 혹은 문장의 맨 끝에도 올 수 있어.
 정리하면, 한국어에는 접속사가 없고, 접속사 대신에 어미나 조사, 그리고 접속 부사가 접속의 기능을 담당하고 있는 거야.

요약 정리

- 관형사는 체언을, 부사는 용언을 꾸며 주는 단어들의 묶음입니다.

- 둘 다 꾸며 주는 단어라서 둘을 묶어서 '수식언'이라고 부릅니다.

- 관형사의 종류에는 다음과 같은 것이 있습니다.

    1) 성상 관형사: 성질이나 상태를 나타내는 관형사
    2) 지시 관형사: 특정 대상을 지시하는(=가리키는) 관형사
    3) 수 관형사: 수나 양을 나타내는 관형사

- 부사의 종류에는 다음과 같은 것이 있습니다.

    1) 성분 부사: 문장의 한 성분을 꾸며 주는 부사
       꾸미는 대상이 문장 내의 한 어절인 경우

    2) 문장 부사: 문장 전체를 꾸며 주거나 문장과 문장을 이어주는 부사
       꾸미는 대상이 문장 전체라서 꾸미는 대상을 문장 내의 한 어절로 딱 꼬집어 내기 어려운 경우

연습해 봅시다 1

- 다음 문장에서 관형사와 부사를 모두 골라 보세요.

> 나는 빨리 달리는 것을 그다지 좋아하지 않는다. 하지만 어떤 친구는 이상하게도 빨리 달리는 것을 아주 좋아한다. 내가 안 좋아한다고 남도 안 좋아한다고 생각하면 안 된다.

> 새 술은 새 부대에 담으라고 했다. 새 술을 헌 부대에 넣으면 새 술이 발효되면서 부대가 뻥 터져 버리기 때문이라고 한다. 어떤 일이 있어도 제발 이 말은 꼭 명심하기를 바란다.

● 궁금한 사항은 미다스북스 블로그 '신지영 교수의 한국어 문법 여행' 게시판에 질문해 보세요.

6 감탄사

① 뜻

감탄사는 느낌이나 탄식, 부름이나 응답을 나타내는 단어를 말합니다.

'感 느낄 감', '歎 탄식할 탄', '詞 말씀 사', 즉 느끼고 탄식하는 것을 나타내는 단어입니다.

'예/아니요'처럼 응답을 나타내는 단어들도 감탄사입니다.

예) 아, 벌써 방학이 끝나간다.
예, 잘 알겠습니다.
아니요, 저는 거기 안 갔어요.
휴, 이제야 다했다.

요약 정리

- 감탄사는 느낌이나 탄식, 부름이나 응답을 나타내는 단어들의 묶음입니다.

7 조사

❶ 뜻

조사는 체언이나 부사, 어미 따위에 붙어서 문법적 관계를 표시하거나 그 말의 뜻을 도와주는 단어를 말합니다.

'助 도울 조', '詞 말씀 사'로 구성된 단어로 문법적 자격을 주거나 말의 뜻을 도와주는 단어입니다.

❷ 종류

조사의 종류에는 격 조사, 접속 조사, 보조사가 있습니다.

격 조사는 문장 안에서 해당되는 역할을 할 수 있도록 자격을 주는 조사입니다. 격 조사에는 주격, 서술격, 목적격, 보격, 관형격, 부사격, 호격이 있습니다.

주격: 주어의 자격을 주는 조사로 자음 뒤에는 '이', 모음 뒤에는 '가'를 쓴다.

　　　이/가　　예)　순이가 빨리 달렸다.

서술격: 서술어의 자격을 주는 조사로 자음 뒤에는 '이다'를 꼭 쓰지만 모음 뒤에는 '다'로 줄여서 쓸 수 있다.

　　　이다　　예)　나는 학생이다.

목적격: 목적어의 자격을 주는 조사로 자음 뒤에는 '을', 모음 뒤에는 '를'을 쓴다.

      을/를   예) 나는 사과를 먹었다.

보격: 보어의 자격을 주는 조사로 자음 뒤에는 '이', 모음 뒤에는 '가'를 쓴다.

      이/가   예) 물이 얼음이 되었다.
                  돌이는 학생이 아니다.

관형격: 관형어의 자격을 주는 조사로 자음과 모음 뒤에 모두 '의'를 쓴다.

      의   예) 친구의 누나가 왔다.

부사격: 부사어의 자격을 주는 조사로 '에, 에서, 로, 와/과, 보다' 등이 있다.

      에, 에서, 로, 와/과, 보다
      예)   나는 학교에 갔다.   나는 학교에서 왔다.
            나는 친구와 싸웠다.   내가 너보다 크다.

호격: 누구를 부르는 말이 되게 하여 독립어 자격을 주는 조사로 자음 뒤에서는 '아', 모음 뒤에서는 '야'를 쓴다.

      아/야   예) 친구야, 어디 가니? 수진아, 학교 가자.

접속 조사는 두 단어를 같은 자격으로 이어 주는 조사로 '와/과, 하고, 나, 랑' 등이 있습니다.

    예)   배와 사과가 있다.   배하고 사과를 좋아한다.
            배나 사과를 가져 와라.   배랑 사과를 가져 와라.

보조사는 어떤 특별한 의미를 더해 주는 조사로 '은/는, 도, 만, 까지, 마저, 조차, 부터' 등이 있습니다.

    예)   너는 해라.   너도 해라.
            너만 해라.   너까지 해라.
            너마저 해라.   너부터 해라.

서술격 조사 '이다'

　격 조사 중의 하나인 서술격 조사 '이다'는 다른 조사와 약간 다른 특징이 있어요. 조사는 불변어라고 했는데, 서술격 조사는 가변어적인 특징을 보이기 때문이에요.

　'책상이다'처럼 '이다'는 체언 뒤에 붙어서 체언이 다른 말과 어떤 문법적인 관계를 표시하는지를 알려 주기 때문에 조사입니다. 그런데 다른 조사와는 달리 '책상인 것', '이것은 책상이고, 저것은 책장이다', '책상임을 알았다'와 같이 문장 안에서의 역할에 따라서 단어의 모양이 바뀝니다. 용언이 활용을 하듯이 서술격 조사도 활용을 하는 것이죠. 그래서 가변어에는 동사, 형용사와 더불어 서술격 조사 '이다'도 포함됩니다. 하지만 조사 중에서 서술격 조사를 빼고는 모두 불변어이기 때문에 앞에서는 조사가 불변어에 속하는 것으로 이야기했던 것입니다.

> **고모와 대화하면 쉬워져요**

자격을 준다는 게 뭐예요?

궁금한 현진이

고모, 격 조사란 문장 안에서 해당되는 역할을 할 수 있도록 자격을 주는 조사라고 하셨잖아요? 그런데 그 자격이라는 게 뭐예요? 좀 어려워요.

친절한 고모

현진아, 좀 어려웠지? 질문을 해 줘서 고마워. 너만이 아니라 함께 여행하는 모든 친구들도 다 질문을 하고 싶었을 거야.

궁금한 현진이

그런데 왜 자세히 설명을 해 주지 않으셨어요? 고모는 원래 친절하시잖아요.

친절한 고모

미안. 그런데 이유가 있어서야. 문장 안에서 어떤 자격이 되는지는 문장의 세계를 여행하면서 알게 되는 내용이거든. 단어의 세계를 여행할 때는 잘 몰라도 되는 내용이라서 그랬어. 그걸 알려면 문장의 세계를 다녀와야 하거든. 하지만 여기는 단어의 세계니까 여기서는 그냥 아주 간단하게만 설명할게.

단어는 혼자서 혹은 조사와 함께 어절을 이룬다고 했지? 그런데 이 어절은 문장 안에서 어디에 있는가, 어떤 조사와 함께 있는가에 따라서 정해진 역할을 수행하게 돼. 어절이 문장 안에서 하는 역할을 '문장 성분'이라고 하는데, 조사는 그 앞에 오는 단어가 그 역할을 할 수 있도록 자격을 주는 일을 한단다.

주격 조사는 주어가, 서술격 조사는 서술어가, 목적격 조사는 목적어가, 보격 조사는 보어가, 관형격 조사는 관형어가, 부사격 조사는 부사어가, 호격 조사는 부르는 말이 되어 독립어가 될 수 있는 자격을 준단다. 그래서 '고양이'라는 단어는 '고양이가'처럼 주격 조사가 붙으면 주어가 되고, '고양이를'처럼 목적격 조사가 붙으면 목적어가 되고, '고양이가'처럼 보격 조사가 붙으면 보어가 되고, '고양이의'처럼 관형격 조사가 붙으면 관형어가 되고, '고양이보다'처럼 부사격 조사가 붙으면 부사어가 되고, '고양이야'처럼 호격 조사가 붙으면 독립어가 되는 거야.

더 자세히 알고 싶다면 다음 여행을 기대해 봐. 다음 여행은 더 즐거울 거야. 다음 여행도 고모 투어에서!

> ### 📝 요약 정리
>
> - 조사는 체언이나 부사, 어미 따위에 붙어서 문법적 관계를 표시하거나 그 말의 뜻을 도와주는 단어들의 묶음입니다.
>
> - 조사의 종류는 다음과 같습니다.
>
>   1) 격 조사:　 문장 안에서 해당되는 역할을 할 수 있는 자격을 주는 조사
>   2) 접속 조사: 두 단어를 같은 자격으로 이어주는 조사
>   3) 보조사:　　특별한 의미를 더해 주는 조사

단어의 짜임새와
그에 따른 분류

4

'품사'를 공부하면서, 단어를 그 의미나 문장 안에서의 기능에 따라 분류했을 때 몇 개의 묶음이 나오는지, 어떤 묶음이 있는지, 그 묶음들(즉 각 품사들)은 어떤 특징을 갖는지 알아봤어요.

이제 단어의 짜임새에 따라서 단어의 종류를 나누어 보는 방법에 대해 알아볼 거예요.

'단어의 짜임새'란 단어가 짜인 모양새, 즉 단어가 만들어진 모양새를 말합니다. 단어를 잘 뜯어 본 후에 그 단어가 어떤 짜임새를 가진 단어인지를 알아보는 것입니다.

그러기 위해서는 단어를 더 잘게 나눌 필요가 있어요. 더 잘게 나누어야 짜임새를 알아볼 수 있으니까요. 즉, 단어를 가장 작은 의미의 조각들로 먼저 나누어 보고 그 의미 조각들이 어떻게 연결되어 있는지를 알아보는 것입니다.

단어의 짜임새를 잘 관찰해 보면, 그 단어가 하나의 의미 조각만으로 된 것과, 두 개 이상의 의미 조각으로 된 것이 있다는 것을 알게 됩니다.

예를 들어 '하늘'이라는 단어를 생각해 봐요. '하늘'을 '하'와 '늘'로 쪼개 봅시다. '하'는 무슨 뜻이고, '늘'은 무슨 뜻이죠? 더 쪼개니 아무 뜻이 없죠?

그럼 이번에는 '국물'이라는 단어를 생각해 봐요. '국물'을 '국'과 '물'로 쪼개 보니 '국'이라는 말과 '물'이라는 말의 의미들이 모여서 '국물'이라는 단어의 뜻을 구성하고 있다는 것을 알 수 있습니다.

'하늘'처럼 더 작은 의미 조각으로 쪼갤 수 없는 단어들을 **단일어**라고 하고, '국물'처럼 더 작은 의미 조각으로 쪼갤 수 있는 단어들을 **복합어**라고 합니다.

좀 더 쉬운 예로!

동진이의 모형 자동차 진열과 단어의 분류 기준

현진이의 사촌 동생인 동진이는 모형 자동차를 아주 좋아해요. 그래서 동진이 집에는 모형 자동차가 아주 많습니다. 모형 자동차들이 장난감 통에 가득 쌓여 있죠.

어느 날 동진이는 자동차가 장난감 통 안에 쌓여 있어서 자기가 원하는 자동차를 꺼내 보기가 너무 어렵다는 생각을 하게 되었어요. 그래서 장난감 통 안에 있는 자동차를 언제든지 쉽게 볼 수 있는 방법은 없을까 고민하게 됐습니다. 그러다가 좋은 생각이 떠올랐죠. 그 자동차들을 책장 한쪽에 멋지게 진열하면 좋겠다고 생각한 거예요.

그래서 진열을 하려고 하니 뭔가 비슷한 것들끼리 모아놓는 것이 좋겠다는 생각을 했어요. 그러다가 비슷한 점이 무엇인가에 따라서 자동차들을 분류하는 방법이 달라진다는 것을 깨달았죠. 색깔별로 분류해서 진열하면 빨간색 버스와 빨간색 스포츠카는 같은 칸에 진열되어야 하지만, 자동차의 크기별로 분류해서 진열하면 빨간 버스는 큰 차 쪽 칸에, 빨간색 스포츠카는 작은 차 쪽 칸에 각각 나누어 진열해야 한다는 것을 생각하게 된 거예요. 그러니까 분류를 하는 기준에 따라서 모형 자동차들이 달리 묶이게 되어 진열대에 놓이는 자리가 달라질 수 있다는 것을 알게 된 거죠.

　동진이는 그래서 고민을 했어요. 어떤 기준으로 진열을 하는 게 보기가 좋을까 하고 말이에요. 동진이는 멋쟁이라 색깔에 민감하거든요. 그래서 색깔별로 자동차를 진열하기로 했습니다. 동진이의 분류 기준은 그러니까 '색깔'이 된 거죠.

　모형 자동차 진열만이 아니라 세상의 모든 것들이 다 그렇답니다. 분류를 하기 위해서는 기준이 필요하고, 그 기준은 필요에 따라서 달라질 수 있습니다. 단어들도 그 의미나 문장 안에서의 기능에 따라서 나눌 수도 있지만, 그 단어의 짜임새를 기준으로 나눌 수도 있어요. 전자, 즉 그 의미나 문장 안에서의 기능에 따라서 나눈 것이 '품사'입니다. 그리고 후자, 즉 단어의 짜임새에 따라서 나누는 것이 바로 '단일어와 복합어'의 분류입니다.

❶ 짜임새에 따른 분류

단어를 구성하고 있는 의미 조각들을 가리켜 형태소라고 합니다. 단일어란 형태소가 하나인 것이고, 복합어란 형태소가 2개 이상 여러 개인 것을 말합니다. 그래서 이름이 '단일어'이고 '복합어'인 것입니다.

'단일어'란 '어(단어)'를 구성하고 있는 형태소가 '단일'한 것이고, '복합어'란 '어(단어)'를 구성하고 있는 형태소가 '복합'적인 것이지요. 복합이라는 것은 두 개 이상이 합쳐졌다는 뜻이므로 '복합'이라는 말에 어울리려면 조각이 두 개 이상 있어야 합니다.

그런데 복합어를 잘 들여다보니 그 안에도 또 두 종류가 있다는 것을 알게 되었습니다. 그래서 복합어를 파생어와 합성어로 나누게 됩니다. '파생어'란 '어(단어)'가 '파생'에 의해 만들어진 것을, '합성어'란 '어(단어)'가 '합성'에 의해 만들어진 것을 말합니다.

그럼 이제 파생과 합성이라는 말을 이해해야겠네요.

❷ 파생어

파생이란 한자로 '派生'과 같이 써요. '派 갈래 파'에 '生 날 생'이죠.

'派(파)'자에 물을 의미하는 삼수 변이 있는 것은 이 글자가 원래 '물의 갈래'라는 뜻을 가지고 있기 때문입니다. 물이 원래는 하나의 근원에서 내려오다가 갈라지는 것처럼 '파생'이란 갈라져 생기는 것을 말합니다. 그러니까 원래 뿌리는 하나인데 그 뿌리를 같이 하는 것들의 앞에 혹은 뒤에 다른 말이 붙음으로써 새로운 단어로 갈라지게 된다는 뜻입니다.

이렇게 단어의 뿌리(=어근)에 붙어서 새로운 단어로 갈라지게 하는 의미의 조각을 파생 접사라고 합니다. 혹은 줄여서 그냥 접사(接辭, 이을 접, 말씀 사)라고도 부릅니다.

접사는 위치에 따라서 뿌리가 되는 요소, 즉 어근(語根, 語 말씀 어, 根 뿌리 근, 즉 단어의 뿌리)의 앞에 위치하는 접두사(接頭辭, 接 이을 접, 頭 머리 두, 辭 말씀 사)와 어근의 뒤에 위치하는 접미사(接尾辭, 接 이을 접, 尾 꼬리 미, 辭 말씀 사)로 나뉩니다.

어근, 즉 단어의 뿌리가 될 수 있는 요소는 자기 혼자서도 단어가 됩니다. 하지만 접사는 접두사도 접미사도 혼자서는 단어가 될 수 없습니다. 이것이 어근과 접사의 가장 큰 차이입니다.

파생어란 같은 어근을 갖기 때문에 같은 뿌리를 가진 단어들입니다. 그런데 파생 접사가 붙음으로써 새로운 단어로 갈라지게 된 단어를 말합니다.

③ 합성어

합성은 한자로 '合成'과 같이 써요. '合 합할 합'에 '成 이룰 성'입니다. 합하여 이룬다는 뜻입니다. 두 개의 어근이 합해서 새로운 단어가 이루어졌다는 뜻입니다.

혼자서도 단어가 될 수 있는 어근이 두 개 이상 합쳐져서 새로운 단어가 된 것을 말합니다. 그래서 합성어를 구성하는 조각들은 따로 떼었을 때도 각 조각이 단어입니다.

'국물'이라는 단어를 예로 들 수 있어요. '국'이라는 단어와 '물'이라는 단어가 합해서 만들어진 단어입니다. '국물'은 '국과 물'이 아니죠. '국과 물'이라고 하면 여러분의 머릿속에는 두 개의 서로 다른 그림이 그려집니다. 그런데 '국물'이라고 하면 하나의 그림이 그려지죠. '국물'은 '국'과도 '물'과도 관련은 있지만 완전히 다른 단어입니다. '국'과 '물'을 재료로 새로 만들어진 단어입니다.

요리에 비유할 수 있어요. 김과 밥으로 김밥을 만들었다고 생각해 봐요. 김밥은 김과 밥으로 만들었지만, 김도, 밥도 아니고 김밥이에요. 김과 밥은 재료가 되었을 뿐 새로운 요리가 된 김밥은 김도 아니고 밥도 아닌 별개의 존재입니다.

합성어는 김밥이라고 생각하면 돼요. 김과 밥이 재료가 되어 만들어졌지만, 김으로 밥을 싸서 요리를 하게 되면, 즉 합성을 하게 되면 김밥이라는 새로운 존재가 만들어지게 되는 것이라고요.

헷갈리지 말자!

〈용언(=동사, 형용사)의 단어 짜임새를 따질 때〉

용언, 즉 동사나 형용사의 경우는 '어간'만을 대상으로 단어의 짜임새를 논한다는 점을 기억해야 합니다. 어미는 어차피 변하는 것이고 문장의 어느 위치에 들어가는가에 따라서 달라지기 때문에 단어의 짜임새를 논할 때는 대상이 되지 않아요. 그러니까 어간이 같으면 아무리 어미가 달라도 같은 단어가 되는 것입니다.

용언을 대상으로 단어의 짜임새를 논할 때는 일단 어간과 어미를 구분해야 합니다. 어간과 어미를 구분한 다음, 어간만을 대상으로 의미 조각을 나누어 보세요. 그리고 그 조각이 몇 개인지를 살펴서 단일어인지 복합어인지를 결정하세요. 그러고 난 다음, 복합어로 판정이 나면 그 조각들이 어근인지 접사인지를 판단하면 됩니다.

좀 더 쉬운 예로!

단일어와 복합어, 그리고 레고 블록

새로운 물건을 만들었다면 그 물건을 부를 이름이 필요하겠죠? 새로운 생각이 났을 때도 그것을 표현할 말을 만들어야겠다는 생각을 할 거예요. 그래서 새로운 단어들, 즉 새말(한자어로는 신어新語)들이 만들어지게 되는 겁니다. 그럼 사람들은 새말을 어떻게 만들까요?

보통은 있는 말들을 가지고 만듭니다. 그래야 다른 사람들이 쉽게 이해하게 되고 쉽게 기억하게 되니까요. 그 새말들을 만드는 재료가 바로 '형태소'라는 '의미를 가진 가장 작은 조각'들입니다. 그 조각들을 다양하게 맞춰서 새로운 단어를 만들게 되면, 사람들이 그 조각이 가진 의미를 통해 그 단어가 어떤 뜻인지를 대충 알 수 있게 됩니다. 그렇게 되면 새말이라도 쉽게 이해할 수 있고, 쉽게 기억할 수 있게 되겠죠.

현진이가 오늘 공부한 파생어와 합성어들은 모두 이런 방법으로 만들어진 것들입니다. 이 단어가 처음 만들어졌을 때는 새말이었지만, 시간이 조금 지나 다른 사람들이 모두 알게 된 후에 사전에 올라 한국어의 단어가 된 것입니다.

형태소들을 가지고 새로운 단어를 만드는 것은 마치 블록 놀이를 하는 것과 같아요. 블록으로 만들기 놀이를 한다고 생각해 봐요. 블록을 가지고 사람과 나무와 자동차를 만드는 거예요. 사람과 나무와 자동차는 블록에 원래 있었던 게 아니었고 현진이가 기본 블록을 가지고 만든 거죠. 여러 모양의 원래 주어진 블록들을 적절하게 연결해서 사람과 나무와 자동차 모양을 만듭니다.

여러 모양의 블록 하나하나가 바로 형태소라고 생각해 보면 어떨까요? 어떤 단어는 블록 한 개로 되어 있고, 어떤 단어는 블록이 여러 개 모여서 만들어졌다고 생각하는 거예요. 블록 한 개로 된 단어가 단일어, 블록 여러 개로 된 단어가 복합어.

그리고 블록 여러 개가 연결되어 있을 때 파란 블록은 어근, 하얀 블록은 접사라고 생각해 봐요. 그럼 합성어는 파란 블록들만으로 되어 있는 것이고, 파생어는 파란 블록이 하얀 블록과 연결되어 있는 것이라고 생각하면 됩니다. 이때, 파란 블록의 앞쪽에 있는 하얀 블록을 접두사, 파란 블록의 뒤쪽에 있는 하얀 블록을 접미사라고 생각해 보면 어떨까요?

어때요? 이해가 좀 쉬워졌나요?

그림01 | 단어의 짜임새 돋보기

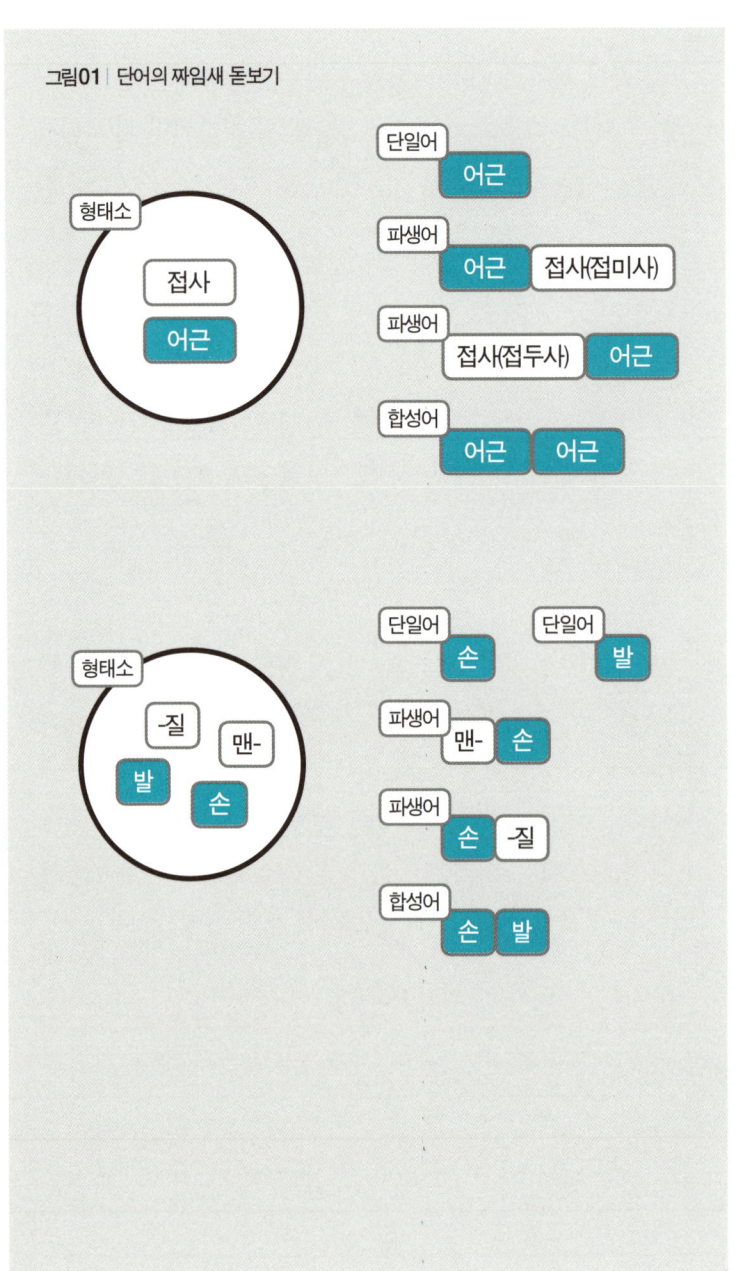

| 고모와 대화하면 쉬워져요 | ## 예를 통해 확실히 익히기 |

궁금한 현진이: 고모, 설명은 이해가 되는데 제가 정말 알고 있는지 자신이 없어요. 고모가 문제를 내 주시면 좋겠어요.

친절한 고모: 좋아, 현진아. 자, '나비'라는 단어는 단일어일까, 복합어일까?

궁금한 현진이: 단일어요. 왜냐하면 '나비'를 나누면 아무런 뜻이 없어져요. 그러니까 나비는 하나의 조각으로 된 단일어인 것 같아요.

친절한 고모: 맞았어. 그럼 맛있는 '불고기'는?

궁금한 현진이: 단일어는 아닌 것 같아요. 불고기는 '불'과 '고기'로 나누어지는 것 같아요. 두 개 이상의 조각이니까 복합어예요.

친절한 고모: 복합어라면 파생어인지 합성어인지를 알아봐야겠지? 파생어일까, 합성어일까?

궁금한 현진이: '불'도 단어고, '고기'도 단어니까, '불'과 '고기' 모두 단어의 뿌리인 어근이에요. 어근과 어근이 만나서 새로운 단어가

> 만들어진 경우니까 복합어 중에서 합성어에 속하는 것 같아요.

친절한 고모

> 딩동댕~. 자, 그럼 '놀이'라는 단어는?

궁금한 현진이

> '놀이'는 '놀'과 '이'의 의미 조각으로 나누어지는 것 같아요. '놀'은 '놀다'의 어간인 것 같은데 '이'는 뭔지 모르겠지만, 그래도 어미는 아닌 것 같아요. 고모, 잘 모르겠어요. '이'가 뭐예요?

친절한 고모

'-이'는 동사를 명사로 만들어 주는 역할을 하는 파생 접사야. 끝에 붙어 있으니까 접미사겠군. '놀다'라는 동사를 명사로 만들어 주는 기능을 하고 있어. '-이' 혼자서는 단어가 될 수 없지만, '놀-'이라는 어근에 붙여서 이 단어의 품사를 바꾸어 주는 역할을 하는 것을 알 수 있어.

'-이'는 현진이도 말했듯이 어미가 아니야. 어미라면 품사를 바꿔서는 안 되겠지? 그런데 '-이'는 접사기 때문에 어근의 품사를 바꿔 주는 거야. 여기서 어근은 '놀다'지. 어미를 가지고 활용을 하는 경우에는 그 단어를 문장 안에서 역할에 맞게 바꾸어주는 것뿐이야. 새로운 단어를 만들거나 하지는 않아. 그런데 접사를 이용해서 파생을 하는 것은 새로운 단어를 만드는 일이야.

활용형은 모두 한 단어이기 때문에 각각을 사전에서 찾아볼 수 없지만, 파생형은 새로운 단어로 만들어진 거라 각각을 사전에서 찾아볼 수 있어. '놀고'나 '놀아서'를 사전에서 찾아보면 사전에 나와 있지 않아. 만약에 '놀고'와 '놀아서'를 사전에서 찾으려면 활용형들의 대표형인 '놀다'를 대신 찾아야 해. 그런데 '놀이'는 파생어기 때문에 '놀다'와는 다른 단어니까 사전에 올림말이 있어서 사전에서 찾을 수 있지.

그럼 보너스로 '개나리'도 알아볼까? '개나리'는 '개'와 '나리'의 조각으로 나눌 수 있어. '나리'는 식물의 한 종류야. 백합을 고유어로 나리라고 하거든. 그럼 '개'는 뭘까? 멍멍 짖는 개가 아니라, '품질이 떨어지는'이라는 의미를 가진 접두사야. 그러니까 '개나리'는 백합처럼 생겼지만 '품질이 떨어지는 백합'인 거지. 개나리를 잘 들여다보면 꽃 자체가 백합 비슷하게 생긴 걸 알 수 있어. 백합보다 아주 작고 볼품이 없기는 하지만. 또 흔하기도 하고. 그래서 '개나리'라는 이름을 갖게 된 거야. 개나리가 갑자기 불쌍해지네. 개나리한테 좀 미안해지기도 하고.

접두사 '개-', 그리고 말의 품격

접두사 '개-'는 원래 멍멍 짖는 개에서 왔지만 진짜 그 멍멍 짖는 개의 의미는 없어졌고, 다른 단어 앞에 붙어서 '품질이 떨어지는', 혹은 '쓸데없는', '정도가 심한' 등의 뜻을 갖습니다. '개-'라는 접두사가 붙은 단어들을 생각해 볼까요? '개떡, 개꿈, 개망신' 등등이 있어요.

우선, '개떡'부터 봐요. '개떡'은 개가 먹는 떡인가요? 아니죠. 개떡은 아주 품질이 떨어지는 떡, 아무렇게나 만든 떡을 말해요. 원래는 그런 뜻이었는데 마음에 들지 않는 것을 비유적으로 말할 때도 쓰지요. '개떡 같아요'라고 할 때는 '품질이 떨어지는 떡 같다', 즉 '마음에 들지 않는 물건이다'라는 뜻이지요.

그럼, '개꿈'은요? 개가 꾸는 꿈 혹은 개가 나온 꿈을 말하는 건가요? 아니죠. 아무런 의미가 없는, 쓸데없는 꿈이라는 뜻이에요. 그러니까 이때의 '개'도 접두사네요. 멍멍개가 아니니까요.

마지막으로 '개망신'은 어때요? '개가 당하는 망신'이 개망신인가요? 아니죠. 아주 심한 망신을 '개망신'이라고 합니다. 정도가 심하다는 뜻을 '개'라는 접두사가 어근인 '망신'에 덧 붙여주고 있어요.

　이렇게 '개-'라는 접두사는 어감이 좋지 않아요. 그래서 품위 있는 말을 할 때는 안 쓰는 것이 좋아요. 예를 들어 '개고생' 같은 말은 좀 품격이 없어 보이죠? 그래서 고모는 얼마 전에 광고에서 '집 떠나면 개고생'이라는 말이 나오는 것을 듣고 깜짝 놀랐어요. 너무 품위가 떨어지는 안 좋은 표현을 광고에서 마구 모든 사람들이 듣게 하니까 좀 불편했어요.

　그리고 인터넷을 통해 유행한 '캐안습'이라는 말 혹시 알아요? 이때 '캐'도 '개-'에서 나온 말이랍니다. 어른들이 '개-'를 쓰면 싫어하니까 숨기려고 '개-' 대신 '캐-'라는 접두사를 새로 만들어낸 거랍니다. 말이라는 것이 참 재밌죠? 물론, '안습'은 알죠? '眼 눈 안', '濕 젖을 습'을 써서 눈에 있는 습기, 즉 눈물을 의미하는 새로운 말을 인터넷 사용자들이 만들어 낸 거랍니다. '캐안습'이란 그러니까 정도가 심한 눈물이 난 다는 뜻으로 많이 슬프다는 말입니다.

　이런 말은 남들 앞에서 안 쓰는 것이 좋아요. 이런 말을 쓰면 자기 스스로 '나는 아주 품위가 없는 사람입니다'라고 말하는 꼴이 되거든요. 그러니까 말은 가려서 하는 것이 좋습니다. 하지만 이런 말들에 관심을 가지고 어떻게 이런 말들이 만들어지는가를 생각해 보는 것은 흥미로운 일입니다.

　그리고 그 말의 의미를 정확히 알게 되면 저속한 말들이나 욕설은 쓰기가 어려워지게 됩니다. '무식이 용감'이라는 말

알죠? 남들 앞에서 저속한 말이나 욕설을 쓰는 친구들의 대부분은 그 말이 어떤 뜻인지 정확히 잘 몰라서 정말 '대담'하게 그런 말을 쓰죠.

그 말의 뜻을 정확히 알면서 쓰는 친구라면? 글쎄요. 남들에게 자신의 저속과 무지를 드러내고 싶어하는 거니까 자신을 사랑하지 않는 사람이겠네요. 알면서도 그런 말을 쓴다면 자기 자신에게 너무 미안한 짓을 하는 거 아닐까요?

요약 정리

- 단어는 더 작은 의미의 단위인 '형태소'로 쪼개어 볼 수 있습니다.
- 형태소란 의미를 가진 가장 작은 말의 단위입니다.
- 단어는 몇 개의 형태소로 되어 있는지에 따라서 단일어와 복합어로 나누어 볼 수 있습니다.
- 단일어는 하나의 형태소, 즉 하나의 의미 조각으로 된 단어입니다.
- 복합어는 두 개 이상의 형태소, 즉 두 개 이상의 의미 조각으로 된 단어입니다.
- 단어의 조각이 되는 형태소 중에는 혼자서도 단어가 될 수 있는 어근과, 혼자서는 단어가 될 수 없는 접사가 있습니다.
- 복합어는 다시 파생어와 합성어로 나뉩니다.
- 파생어란 단어의 뿌리가 되는 어근에 접사가 붙어서 만들어진 단어입니다.
- 합성어란 혼자서도 단어가 될 수 있는 어근이 둘 이상 합쳐져서 새로운 단어가 된 것을 말합니다.

그림02 | 단어의 짜임새에 따른 분류

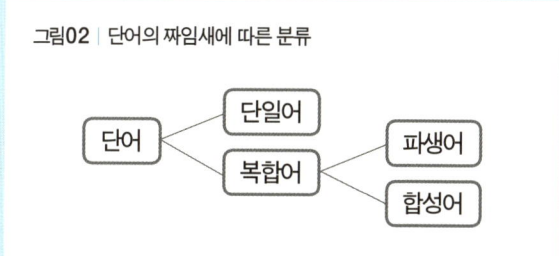

연습해 봅시다 1

- 다음 단어는 단일어일까요, 복합어일까요? 만약, 복합어라면 단어를 가장 작은 의미 조각인 형태소로 나눈 후에 그 단어가 어떤 의미 조각으로 되어 있는지를 알아보세요. 그리고 각 의미 조각들이 어근인지 접사인지를 적은 다음, 그 조각들을 살펴서 파생어인지 합성어인지를 판정해 보세요. 단, 각 단어마다 자신이 왜 그렇게 생각했는지 친구들에게 설명해 주듯이 써 보세요.

1) 이야기　　　2) 창문
3) 나무　　　　4) 문고리
5) 새까맣다　　6) 개밥
7) 웃기다　　　8) 손질
9) 공부하고　　10) 고무신
11) 밤낮　　　 12) 낯설다
13) 오르내립니다　14) 빠르게
15) 놀이　　　 16) 힘들다
17) 걷다　　　 18) 오가다
19) 즐거운　　 20) 높이

● 궁금한 사항은 미디스북스 블로그 '신지영 교수의 한국어 문법 여행' 게시판에 질문해 보세요.

2편 문장의 세계

문장이란 무엇일까?

1

문장이란 하나의 완결된 생각을 나타내는 가장 작은 단위입니다. 문장은 글에서 마침표, 물음표, 느낌표를 찍어 나타내는 것이 보통이죠. 그래서 글에서 문장이 몇 개인가를 알아보는 방법은 아주 쉬워요. 마침표, 물음표, 느낌표가 모두 몇 개인지를 세기만 하면 되니까요.

다음에 보인 글은 모두 몇 개의 문장으로 되어 있는지 세어 보세요.

> 계집 목소리로 문득 생각난 듯이 조선달은 비죽이 웃는다. "화중지병이지. 연소패들을 적수로 하구야 대거리가 돼야 말이지." "그렇지두 않을 걸. 축들이

> 사족을 못 쓰는 것두 사실은 사실이나, 아무리 그렇다곤 해두 왜 그 동이 말일세, 감쪽같이 충줏집을 후린 눈치거든." "무어 그 애숭이가? 물건 가지고 낚었나 부지. 착실한 녀석인 줄 알었더니." (이효석 『메밀꽃 필 무렵』 중에서)

위 글에는 마침표가 7개, 물음표가 1개 나옵니다. 느낌표는 없어요. 그럼 마침표와 물음표와 느낌표를 모두 합하면 8개가 되네요. 그러니까 모두 8개의 문장으로 된 글입니다.

쉼표로 표시된 것은 문장이 끝나지 않은 것이니 문장으로 세면 안 됩니다. 쉼표는 쉬라는 표시입니다. 아직 문장이 끝나지 않았지만 잠깐 쉬라는 표시입니다.

단어는 문장에 들어가서 문장을 구성하는 요소로서 역할을 하게 됩니다. 단어들이 문장 안에서 하게 되는 역할을 **문장 성분**이라고 하지요.

문장 성분에 대해 더 자세히 알아보기 전에 문장을 구성하는 문법적인 단위들에 대해서 먼저 알아보기로 해요.

이것도 문장일까?

> 고모와 대화하면 쉬워져요

궁금한 현진이

고모, 마침표, 물음표, 느낌표의 개수만큼이 문장의 수라고 하셨죠? 그런데 그건 엄격히 말해서 틀린 것 같아요. 제가 만약에 고모에게 다음처럼 문자를 보냈다고 생각해 보세요.
"고모ㅎㅎ 저 현진이에요ㅋㅋ 제가 문자 보낼 줄 모르셨죠?!!"
그럼 이 문장은 몇 개의 문장으로 구성된 걸까요? 물음표가 1개, 느낌표가 3개니까, 그럼 모두 4개의 문장으로 구성되었다고 해야 할까요?

친절한 고모

물론, 아니지. 우선 현진아, 네가 고모에게 보낸 문자가 아주 일반적이고 정상적인 문장이라고 생각하니? 책에서 주로 보는?

궁금한 현진이

물론, 아니죠.

친절한 고모

그럼 이 문자를 고모에게 정상적인 문장으로 써 보면 어떻게 쓸 것 같니?

궁금한 현진이

그야, 당연히 이렇게 쓰겠죠!
"고모, 저 현진이에요. 제가 문자를 보낼 줄 모르셨죠?"

친절한 고모: 바로 그거야. 그럼 몇 개의 문장이니?

궁금한 현진이: 어, 2개네요.

친절한 고모: 맞아. 우리가 여기서 얘기하는 모든 것은 아주 정상적인 문장을 기준으로 하는 거야.

> 고모와 대화하면 쉬워져요

이모티콘을 왜 쓸까?

친절한 고모
> 그런데 현진아, 왜 너는 정상적인 문장을 못 쓰는 게 아닌데도 고모에게 그런 문자를 보내려고 했을까?

궁금한 현진이
> 그건, 고모에게 문자를 보내는데 고모가 말한 '정상적인 문장'으로 보내면 너무 딱딱하고 화가 난 것 같을까 봐요. 문자를 정상적인 문장으로 보내면 왠지 좀 이상해요. 문자를 받는 사람이 내가 화가 났다고 오해하면 어떻게 하나 걱정이 돼요.

친절한 고모
> 맞아. 문자에 목소리와 말투가 담겼으면 좋겠다고 생각하는 거야. 친한 사람들에게는 특히.
> 그런데 만약에 학교에서 학생들에게 현장 학습에 필요한 준비물을 안내해 주는 안내문을 문자로 발송했다고 생각해 보자. 그 안내문을 다음과 같이 보냈다면 어떨까?
> "학생 여러분ㅎㅎ 학교예요ㅋㅋㅋ 내일은 우리가 현장학습을 가기로 했죠? 내일 현장 학습 올 때 연필, 수첩, 줄자를 꼭 가지고 오세요^^"

궁금한 현진이
> 하하하. 고모, 학교에서 이런 문자가 오면 웃겨서 떼굴떼굴 구를 거예요.

2편 문장의 세계

친절한
고 모

왜?

궁금한
현진이

그야, 학교에서 공식적으로 보낸 건데, 이렇게 보내면 어떻게 해요. 이건 친구들끼리나 보내는 거잖아요.

친절한
고 모

맞아. 바로 그거야. 같은 내용이라도 누구에게 쓰는지, 왜 쓰는지에 따라서 쓰는 방법이 달라지지. 말을 할 때는 누구에게 말하느냐에 따라서 표현도 달라지지만 말투도 바뀌지. 그런데 글에는 목소리가 담길 수 없으니까 표현은 바꿀 수 있어도 말투는 바꿀 수가 없단다.

하지만 말하듯이 쓰는 글에는 말투를 넣고 싶은 생각이 들게 돼. 이모티콘이나 기호를 쓰는 이유가 바로 거기에 있는 거야. 친한 사람들에게 문자를 보낼 때는 말하듯이 글을 쓰면서 내 기분이 담긴 말투를 함께 전달하고 싶어지지. '제 문자를 이런 말투로 읽어 주세요'라는 뜻에서 말야.

증거를 보여 줄까?

현진아, 다음 문자들을 읽어 볼래?

(1) 내일 봐요^^
(2) 내일 봐요ㅠㅠ
(3) 내일 봐요♬

어때? 문장들이 모두 같은 내용이지만 다른 말투로 읽고 있지? 바로 그거야. 이모티콘이 바로 문장에 말투를 넣어 주는 기능을 하는 거야. 보통 일반적인 글은, 글이기 때문에 말투를 안 넣는데, 문자는 말에 아주 가까운 글이기 때문에 사람들이 말투를 넣고 싶어서 이모티콘을 넣는 거란다.

그런데 꼭 명심할 게 있어. 문자를 보낼 때는 누가 누구에게 왜 보내는지를 잘 생각하면서 써야 실수를 하지 않아. 학교에서 현장 학습 준비물을 챙겨 오라는 문자를 아까처럼 보낸다면 사람들이 학교를 좀 이상하게 생각할 거야. 그런 것처럼 너도 이상한 사람으로 보이지 않으려면 누구에게 왜 보내는지를 잘 생각하면서 문자를 보내는 게 좋아.

요약 정리

- 문장이란 하나의 완결된 생각을 나타내는 가장 작은 단위입니다.
- 문장은 글에서 마침표, 물음표, 느낌표를 찍어 나타냅니다.

문장을 구성하는 단위들

2

단어의 세계를 탐험하기 시작하면서 말을 구성하는 단위들에 대해서 현진이가 질문을 한 적이 있어요. 단어의 세계를 다녀온 친구들은 알겠지만, 단어의 세계를 아직 탐험하지 않은 친구들도 있을 테니 문장을 구성하는 단위들을 다시 살펴보기로 합시다.

우선 **단위**라는 말부터 이해해 봐요. 단위란 짜임새가 있는 어떤 것을 구성하는 기본적인 덩어리들을 말합니다. 문장을 구성하는 기본적인 덩어리 중에서 뜻을 가진 가장 작은 덩어리를 **형태소**라고 합니다. 이 형태소들이 모여서 혼자 쓸 수 있는 가장 작은 단위인 **단어**를 이루고, 단어들이 모여서 **어절**을, 어절이 모여서 **구**를, 구들이 모여서 **절**을, 절이 모여서 **문장**을 이루게 됩니다.

그럼 이제 문장을 구성하는 가장 작은 덩어리인 형태소부터 하나하나 자세히 살펴보도록 할까요?

형태소(形態素)란 뜻을 가지고 있는 가장 작은 덩어리를 말해요. 단어를 구성하고 있는 레고 블록 조각 하나하나라고 생각하면 돼요. 레고 블록을 가지고 놀 때 시작이 되는 것이 바로 이 블록 조각이죠. 이 조각을 더 잘게 자르면 더 이상 레고 블록이 아닙니다. 마찬가지로 형태소를 더 자르면 뜻이 없어지기 때문에 문장을 구성하는 단위로서의 의미가 없어진답니다.

이 형태소들은 혼자서 혹은 다른 형태소들과 결합하여 최소의 자립 형식인 **단어**를 만들게 됩니다. 단어에 대해서는 단어의 세계 편을 보면 자세히 알 수 있어요.

단어들은 혼자서 혹은 조사와 결합하여 **어절**(語節)이라는 단위를 이루게 됩니다. 단어의 세계를 탐험하면서 조사에 대해 자세히 이야기했듯이, 조사는 단어이지만 혼자서 쓸 수 없는, 즉 자립할 수 없는 단어입니다. 자립할 수 없는 조사들은 조사에 앞서는 단어와 결합하여 어절을 이루게 됩니다.

어절은 문장 안에서 어디에 있는지, 누구와 함께 있는지에 따라서 다양한 역할을 수행하게 됩니다. 어절이 문장 안에서 하는 역할을 문장 성분이라고 합니다. 문장 성분에 대해서는 잠시 후에 자세히 설명할게요.

한국어의 철자법은 어절 단위로 띄어쓰기를 하는 것을 원칙으로 하고 있습니다. 그러니까 어절 단위는 띄어쓰기 단위와 일치하게 됩니다. 한글 맞춤법의 띄어쓰기 원칙을 요약하면 다음과 같아요. 각 단어는 띄어서 쓰되, 조사는 앞말에 붙여 쓰는 것입니다.

두 어절 이상이 묶여서 하나의 문장 성분이 될 때, 그 어절들의 묶음을 **구**(句)라고 합니다. 한 어절이 아니라 두 어절 이상이 묶여서 하나의 역할을 수행할 때 하나의 역할을 하기 위해 묶이는 덩어리가 바로 구입니다.

구는 모여서 **절**(節)을 이룹니다. 문장 안에 있는 주어와 서술어의 묶음을 말합니다. 문장 안에는 주어와 서술어의 묶음이 최소한 1개 이상 있는 것이 보통입니다. 문장은 하나의 절로 구성될 수도 있지만, 두 개 이상의 절로 구성될 수도 있습니다. 주어와 서술어가 몇 묶음 있는가를 따져 보면 문장이 몇 개의 절로 구성되어 있는지를 알 수 있어요.

이렇게 문장은 하나 이상의 절로, 절은 하나 이상의 구로, 구는 하나 이상의 어절로, 어절은 하나 이상의 단어로, 단어는 하나 이상의 형태소로 구성되는 것입니다.

자, 그럼 문장을 구성하는 요소들을 그림으로 그려서 정리해 볼게요.

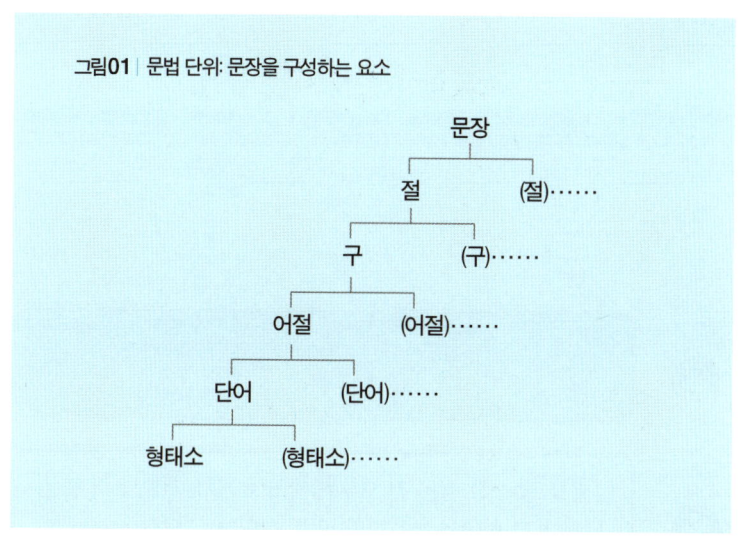
그림01 | 문법 단위: 문장을 구성하는 요소

| 고 모 와 대화하면 쉬워져요 |

좋은 문장, 나쁜 문장

궁금한 현진이

고모, 글을 잘 쓰려면 좋은 문장을 만들어야 하죠? 그런데 문장을 잘 만드는 비법 혹시 있어요? 좀 알려 주세요.

친절한 고 모

글을 잘 쓰고 싶은 건 모두가 바라는 거지. 고모도 더 좋은 글을 쓰고 싶어서 늘 고민을 많이 한단다. 고모도 고모 글에 완전히 만족하는 건 아니니까. 그래도 고모가 글을 많이 써 봤으니까 고모가 먼저 깨달은 좋은 문장을 만드는 비결을 알려 줄게.

첫째, 문장의 길이를 생각하는 거야. 문장이란 하나의 완결된 생각을 나타내는 가장 작은 단위라고 했지? 그래서 하나의 생각은 하나의 문장으로 표현하는 것이 좋아. 그래서 하나의 생각이 담기지 못한 짧은 문장도 안 좋은 문장이고, 너무 많은 생각이 복잡하게 얽힌 긴 문장도 안 좋은 문장이 되는 거야. 그러니까 모자라지도 않고 넘치지도 않게 문장을 써야 좋은 글이 되는 거야.

문장이 너무 길어지면 생각이 얽히게 돼서 아주 잘 쓰지 않으면 이상한 문장이 되기 쉽단다. 한 문장 안에 앞에서 한 말과 뒤에서 한 말이 잘 조화를 이루어야 하는데 길어지면 조화를 이루기가 어려워질 수 있거든. 문장을 짧게 쓰라는 것은 이런 이유 때문이야. 하지만 긴 문장이라고 모두 나쁜 문장은 아니야. 생각이 복잡해지면 당연히 문장이 길어질 수 있거든. 그런데 글을 잘 쓰지 않으면 긴 문장은 잘 읽히는 문장이 되기 어렵단다.

둘째, 문장의 서술어를 잘 살피는 거야. 문장에서는 서술어의 역할이 아주 중요하단다. 서술어에 따라서 앞에 어떤 것들이 올지가 결정되거든. 예를 들어서 서술어 '먹다'는 '먹는 사람'이 누군지, '먹는 대상'이 무엇인지를 밝혀야 좋은 문장이 돼. 마구 생략해서 읽는 사람이 알 수 없다면 좋은 문장이 될 수 없단다. 물론, 글을 읽는 사람과 쓴 사람이 안 써도 충분히 알 수 있다면 생략을 해도 괜찮지만 말야. 그런데 읽는 사람이 도저히 알아낼 수 없는 요소를 생략한다면 그건 안 좋은 문장이 되는 거야.

셋째, 문장은 읽히기 위해서 쓰는 거라는 걸 명심하는 거야. 서술어를 살펴야 한다고 말할 때도 얘기했지만 읽는 사람을 꼭 염두에 두어야 한단다. 읽는 사람 중심으로 문장을 쓴다면 좋은 문장이 될 거야. 현진이가 글을 열심히 읽었는데 이해가 안 간다면 글을 쓴 사람에게도 약간의 책임이 있다고 할 수 있어. 물론, 열심히 읽지 않았거나 현진이가 읽기에 너무 어려운 글이기 때문에 이해가 안 가는 건 빼고. 그러니까 좋은 글을 쓰려면 항상 내 글을 다른 사람이 쓴 글이라고 생각하고 다시 읽고 고치는 과정이 꼭 필요하지.

어때, 이제 좀 좋은 문장을 쓸 수 있을 것 같니?

> 고모와 대화하면 쉬워져요

띄어쓰기를 잘하려면?

궁금한 현진이

고모, 저는 글을 쓸 때 띄어쓰기가 너무 헷갈려요. 언제 붙여서 쓰고 언제 띄어서 써야 하는 거예요? 한글 띄어쓰기 너무 어려워요. 왜 이렇게 어렵게 만들었는지 모르겠어요!

친절한 고모

현진이가 띄어쓰기 때문에 힘들었구나? 띄어쓰기는 조금 번거롭거나 어려울 수도 있지만 책을 읽을 때, 빨리 의미의 단위를 파악할 수 있게 해 줘서 도움이 되지. 띄어쓰기는 책을 빨리 읽게 해 주는 고마운 거야.
자, 그럼 고모가 띄어쓰기를 잘하는 비법을 알려 줄까?

궁금한 현진이

와, 너무 좋죠! 빨리 비법을 알려 주세요. 띄어쓰기도 잘하고 싶어요. 그래야 제가 쓴 글을 다른 사람들이 빨리 그리고 쉽게 읽을 수 있을 테니까요.

친절한 고모

근데, 현진아. 사실 띄어쓰기의 원칙은 아주 간단해. '단어 단위로 띄어서 쓰되, 조사는 앞말에 붙여서 쓴다', 이게 다거든. 그러니까 우리는 지금 자기가 쓰려는 것이 단어인지 아닌지, 조사인지 아닌지를 판단하기만 하면 아주 쉽게 띄어쓰기를 할 수 있다는 거야.
그런데 문제는 단어인지 아닌지를 판단하기가 쉽지 않다는 데 있지. 예를 들어 설명해 줄게. 지금 현진이가 이런 문장을 쓰려고 한다고 가정해 보자.
"오늘날인터넷상에서의명예훼손이심각한사회문제가되고있다는데동의한다."
이 문장은 어떻게 띄어쓰기를 해야 맞을까? 띄어쓰기를 올바로 하려면 무엇이 필요할까?

궁금한
현진이

당연히 이 문장을 구성하는 단어가 무엇인지 먼저 알아봐야죠.

친절한
고 모

맞았어. 그럼 띄어쓰기를 해 볼래? 틀려도 괜찮아. 틀리면 고모가 고쳐주고 현진이가 왜 틀렸는지 알려줄게. 틀린 것을 고치면서 배우는 거니까 틀릴까 봐 너무 긴장할 필요는 없어. 틀린 다음에 원리를 알아서 왜 틀렸는지 알고, 그리고 다시 안 틀리면 되니까. 자, 그럼 현진이가 이 문장의 띄어쓰기를 해 보렴.

궁금한
현진이

고모, 다 끝냈어요.
"오늘 날 인터넷 상에서의 명예훼손이 심각한 사회문제가 되고 있다는데 동의한다."

친절한
고 모

어디 볼까? 정답은 다음과 같아.
"오늘날 인터넷상에서의 명예훼손이 심각한 사회문제가 되고 있다는 데 동의한다."
현진이가 한 것과 밑줄친 부분이 다르구나.
"오늘 날 인터넷 상에서의 명예훼손이 심각한 사회문제가 되고 있다는데 동의한다."
물론, 여기서 '명예훼손'과 '사회문제'는 '명예 훼손'과 '사회 문제'처럼 띄어서 써도 되지. 하지만 '오늘날'에서 '오

친절한 고모: 늘'과 '날'은 띄어서 쓰면 안 되고, '인터넷상'도 '인터넷'과 '상'을 띄어서 쓰면 안 돼. 그리고 '있다는 데'에서 '있다는'과 '데'는 붙여서 쓰면 안 된단다.

궁금한 현진이: 으악, 세 개나 틀렸네요! 역시 띄어쓰기는 어려워요. 그런데 고모는 되고 안 되고를 어떻게 그렇게 잘 아세요? 제가 왜 틀렸는지 설명 좀 해 주세요, 고모. 다시 틀리지 말아야죠.

친절한 고모: 그래, 현진아. 현진이의 띄어쓰기가 왜 틀렸는지부터 설명해 줄게. 먼저 '오늘날'부터. '오늘날'을 띄어서 써 주면 두 단어라는 뜻인데, 이 문장에서는 '오늘날'은 '지금의 시대'라는 뜻의 한 단어야. 한 단어라면 사전에 있을 테니 이런 경우 사전을 찾아보면 된단다. '오늘날'을 사전에서 찾아보면 사전에 올림말이 있다는 것을 알 수 있어. 사전에 올림말이 있다면 한 단어고, 한 단어면 붙여서 써 줘야겠지?

다음은 '인터넷상에서의'를 볼까? 우선 '에서의'는 조사 '에서'와 조사 '의'가 결합한 조사와 조사의 연결이야. 모두 조사니까 앞말에 붙여서 써 줘야겠지? 그런데 문제는 '인터넷상'이야. 붙여서 써야 할까 띄어서 써야 할까가 고민스러우면 먼저 '인터넷상'을 사전에서 찾아봐. 찾아보니까 안 나오지? 그럼 다음은 '상'을 찾는 거야. '상'을 사전에서 찾아보면 굉장히 많은 올림말이 있단다. 그 올림말들을 잘 살펴보면 다음과 같이 '추상적인 공간에서의 한 위치라는 뜻을 더하는 접미사'라는 풀이가 된 것이 있고, 이게 바로 우리가 찾고 있는 '상'이라는 것을 알 수 있어.

사전에서 찾아보면 다음과 같이 풀이가 되어 있단다. 사전의 예문에도 우리가 찾는 단어가 있네!

-상[26](上) 「접사」 (일부 명사 뒤에 붙어)
「1」 '그것과 관계된 입장' 또는 '그것에 따름'의 뜻을 더하는 접미사.
관계상/미관상/사실상/외관상/절차상.
「2」 '추상적인 공간에서의 한 위치'의 뜻을 더하는 접미사.
인터넷상/전설상/통신상.

'상'은 접미사니까 한 단어가 아니야. 그래서 올림말 앞에 줄표가 있는 거란다. 줄표는 그 앞에 다른 단어가 와야 된다는 뜻이라고 단어의 세계를 탐험할 때 설명해 준 적이 있어. 결국 '인터넷상에서의'는 모두 붙여서 써 줘야 하는 거야. 이 어절은 '명사-접미사-조사-조사'로 구성되어 있기 때문에.

이번에는 '있다는 데'를 볼까? '있다는 데'는 두 단어라서 띄어서 써 줘야 하는데 많이들 붙여서 쓰지. 그래서 틀리는 일이 많아. '-는데'라는 어미가 있어서 많이들 헷갈려서 그렇단다. 어미라면 붙여서 써 줘야 하겠지만 '데'가 여기서는 어미의 일부가 아니란다. 그럼 사전에서 '데'를 찾아볼까? 사전을 찾아보면 다음과 같아.

데[01] 「의존명사」
「1」 '곳'이나 '장소'의 뜻을 나타내는 말.
의지할 데 없는 사람/예전에 가 본 데가 어디쯤인지 모르겠다./지금 가는 데가 어디인데?/그가 사는 데는 여기서 멀다.
「2」 '일'이나 '것'의 뜻을 나타내는 말.
그 책을 다 읽는 데 삼 일이 걸렸다./사람을 돕는 데에 애 어른이 어디 있겠습니까?/그 사람은 오직 졸업장을 따는 데 목적이 있는 듯 전공 공부에는 전혀 관심이 없다.

「3」 '경우'의 뜻을 나타내는 말.
머리 아픈 데 먹는 약/이 그릇은 귀한 거라 손님을 대접하는 데나 쓴다.

사전을 보니 '데'는 의존 명사야. 의존 명사도 명사는 명사니까 한 단어이고 그래서 띄어서 써 주는 것이 맞아.
그럼 이번에는 '데'가 어미의 일부인지 의존 명사인지 알아보는 방법을 알려 줄게. '데' 대신에 '것에'로 바꿔보는 거야. '것에'로 바꿨을 때 어색하지 않으면 의존 명사이고, 어색하면 어미의 일부가 되는 거지. 예를 들어 '길을 걷는데 전화가 울렸다'의 경우, '데'는 어미의 일부이기 때문에 '길을 걷는 것에 전화가 울렸다'가 좀 이상하지? 어미의 일부니까 이 경우에는 붙여서 써 주는 것이 맞단다.
마지막으로 '동의한다'를 보자. '동의'는 명사니까 한 단어가 맞아. 그런데 '-하다'는 명사 뒤에 붙어서 동사나 형용사를 만드는 접미사란다. 사전을 찾아보자.

-하다[02] 「접사」
「1」 (일부 명사 뒤에 붙어) 동사를 만드는 접미사.
공부하다/생각하다/사랑하다/절하다/빨래하다.
「2」 (일부 명사 뒤에 붙어) 형용사를 만드는 접미사.
건강하다/순수하다/정직하다/진실하다/행복하다.
「3」 (의성·의태어 뒤에 붙어) 동사나 형용사를 만드는 접미사.
덜컹덜컹하다/반짝반짝하다/소곤소곤하다.
「4」 (의성·의태어 이외의 일부 성상 부사 뒤에 붙어) 동사나 형용사를 만드는 접미사.
달리하다/돌연하다/빨리하다.
「5」 (몇몇 어근 뒤에 붙어) 동사나 형용사를 만드는 접미사.

흥하다/망하다/착하다/따뜻하다.
「6」 (몇몇 의존 명사 뒤에 붙어) 동사나 형용사를 만드는 접미사.
체하다/척하다/뻔하다/양하다/듯하다/법하다.

'공부하다', '노래하다', '건강하다', '절하다', '행복하다'의 '-하다'처럼 '동의하다'도 명사에 접사 '-하다'가 붙은 말이야. 접사는 단어가 아니니까 띄어서 쓰면 안 되겠지?

궁금한 현진이

네, 고모의 설명을 들으니까 제가 왜 틀렸는지 정확히 알 것 같아요. 고마워요, 고모. 그런데 띄어쓰기 잘하는 비법은 언제 알려 주실 거예요? 저도 고모처럼 띄어쓰기를 잘하고 싶어요. 비법을 좀 빨리 알려 주세요.

친절한 고모

띄어쓰기 비법은 아주 간단해. 글을 쓸 때 사전을 자꾸 찾아보는 거지. 사전을 찾으면 거의 답이 다 있어. 긴가민가할 때 사전을 찾아서 사전에 있는 정보를 바탕으로 띄어쓰기를 하는 거야. 찾은 단어가 조사 이외의 품사를 가진 단어면 모두 한 덩어리로 붙여서 써 주고, 조사, 어미, 접사 등이라면 띄어쓰기를 하지 않는 거야. 띄어쓰기를 잘하는 비법은 별다른 게 없고, 사전을 찾는 게 다야.

요약 정리

- 단위란 짜임새가 있는 어떤 것을 구성하는 기본적인 덩어리를 말합니다.
- 문장을 구성하는 단위에는 형태소, 단어, 어절, 구, 절이 있습니다.
- 형태소는 뜻을 가진 가장 작은 단위입니다.
- 단어는 혼자 쓸 수 있는 가장 작은 단위입니다.
- 어절은 단어에 조사가 붙은 단위입니다.
- 구는 하나의 문장 성분으로 기능하는 단위입니다.
- 절은 주어와 서술어의 묶음을 말합니다.

연습해 봅시다 1

- 다음 문장을, 문법 단위를 생각하면서 띄어쓰기에 맞게 다시 써 봅시다. 띄어쓰기를 한 후에는 띄어쓰기를 해야 하는 이유도 설명해 봅시다.

> 나는나대로너는너대로사전을잘찾아본후에답을쓰되, 답을쓰기전까지서로상의를해서는안된다.

● 궁금한 사항은 미다스북스 블로그 '신지영 교수의 한국어 문법 여행' 게시판에 질문해 보세요.

연습해 봅시다 2

- 다음 문장을 단어, 어절, 구, 절 단위로 나누어 보세요. 그리고 각각의 단위가 문장 안에 모두 몇 개씩 있는지 말해 보세요.

엄마는 내 동생이 노래를 부르는 것을 참 좋아하십니다.

● 궁금한 사항은 미다스북스 블로그 '신지영 교수의 한국어 문법 여행' 게시판에 질문해 보세요.

문장 성분

3

앞에서 문장 성분이란 어절이 문장 안에서 하게 되는 역할을 말한다고 했어요. 우리는 단어를 가지고 문장을 만듭니다. 똑같은 단어라도 상황에 따라서 다른 역할을 하게 됩니다. 예를 들어 볼까요?

> (1) **영희가 철수를 아주 좋아한다.**
> (2) **철수가 영희를 아주 좋아한다.**

위에 보인 두 문장은 '영희', '가', '철수', '를', '아주', '좋아하다'라는 6개의 단어가 똑같이 쓰이고 있어요. 그런데 두 문장에 쓰인

'영희'와 '철수'의 역할은 아주 다릅니다. (1)번 문장에서 '영희'는 **주어** 역할을 하지만, (2)번 문장에서 '영희'는 **목적어** 역할을 합니다. 주어 역할을 하는 단어에는 주격 조사인 '가'가 붙어서 어절을 구성하고 있고, 목적어 역할을 하는 단어에는 '를'이 붙어서 어절을 구성하고 있어요. 어떤 조사가 붙는가에 따라서 문장 안에서 단어가 하는 역할이 달라진다는 것을 알 수 있어요.

그런데 '아주'와 '좋아한다'는 단어 혼자서 어절을 구성하고 있어요. '아주'는 '좋아한다'를 꾸며 주는 역할을 하고 있고, '좋아한다'는, (1)번 문장에서는 '영희'에 대해, 또 (2)번 문장에서는 '철수'에 대해 서술어 역할을 하고 있어요.

좀 더 쉬운 예로!

단어는 배우, 조사는 배역을 표시해 주는 모자

여러분이 연극을 한다고 생각해 봐요. 여러분이 하는 연극은 배역에 따라서 모자가 정해져 있어요. 배역이란 연극 안에서 배우가 하는 역할을 말해요. 배역이 왕인 배우는 왕 모자를 쓰고, 배역이 왕자인 배우는 왕자 모자를 쓰고, 배역이 신하인 배우는 신하 모자를 쓰는 거죠.

배역은 언제든지 바뀔 수 있어요. 내 배역이 왕이었다가 신하로 바뀌었다고 생각해 봐요. 내 배역이 바뀌었다고 내가 다른 사람이 되는 게 아니에요. 나는 그냥 배역에 맞는 모자만 바꿔 쓰면 돼요.

단어도 마찬가지예요. '책상'이라는 단어가 주어 역할을 한다면, 책상이라는 단어 자체를 바꾸는 것이 아니에요. 책상은 그대로 두고 주어 역할에 맞는 모자인 주격 조사 '이/가'를 붙여 주면 됩니다. 또, 책상이 목적어 역할을 하게 되면 책상은 그대로 두고 목적어 역할에 맞는 모자인 목적격 조사 '을/를'을 붙여 주면 됩니다.

이렇게 단어를 배우라고 생각하고 조사를 배역에 맞는 모자라고 생각한다면 훨씬 쉽게 문장 성분을 이해할 수 있을 거예요. 단어는 종류에 따라서 품사를 갖게 되죠. 그래서 품사는 배우이고, 조사는 모자라고 생각해도 좋습니다. '책상'의 품사는 늘 명사로 같지만, 문장 안에서의 역할에 따라서 문장 성분은 '주어'가 될 수도 있고(책상이 있습니다), '목적어'가 될 수도 있고(책상을 샀습니다), '서술어'가 될 수도 있습니다(이것은 책상입니다).

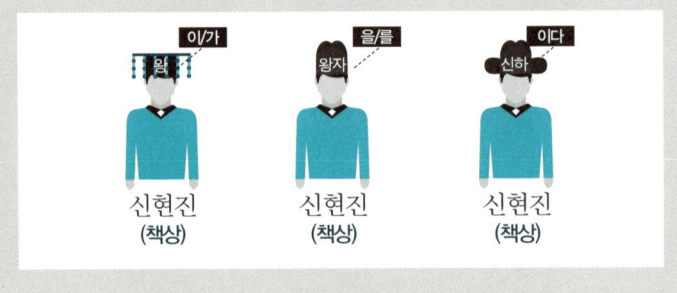

단어가 문장 안에서 주어가 되는지 목적어가 되는지는 조사가 붙지 않아도 어디에 위치하는지에 따라서도 알 수 있어요.

> (3) 나 너 좋아해.
> (4) 너 나 좋아해.

(3)과 (4)는 조사가 없는데도 (3)의 주어는 '나'이고 (4)의 주어는 '너'라는 것을 알 수 있어요. 한국어에서는 주어가 목적어보다 앞에 오는 것이 보통이고, 목적어는 주어보다 뒤에 오는 것이 보통이기 때문이에요.

주어의 움직임, 상태, 성질 등에 대해 서술하는 것이 서술어인데, 서술어는 한국어에서 가장 끝에 오는 것이 일반적입니다. 동사나 형용사, 그리고 명사에 서술격 조사 '이다'가 함께 쓰여서 서술어가 됩니다.

위에 예를 든 (3)과 (4)의 문장에서는 '좋아해'가 서술어 기능을 하고 있어요.

그럼 이제 문장을 구성하는 성분들을 하나하나 차근차근 살펴보기로 해요.

문장 성분에는 모두 7가지가 있어요. 주어, 목적어, 보어, 서술어, 관형어, 부사어, 독립어가 그것입니다. 이 7가지 성분들은 주성분, 부속 성분, 독립 성분과 같이 크게 세 묶음으로 묶입니다.

❶ 주성분

주성분이란 문장을 구성하는 데 뼈대를 이루는 주(主)된 성분이에요. 꼭 필요한 성분이라고 해서 필수 성분이라고 불리기도 합니다. 필수라는 말은 '必 반드시 필', '須 모름지기(=마땅히, 반드시) 수'로 반드시, 마땅히, 모름지기라는 뜻이에요. 그러니까 반드시, 마땅히, 모름지기 있어야 하는 성분이라는 뜻이에요.

주성분에는 주어, 목적어, 보어, 서술어가 있어요. 특히, 주어와 서술어는 모든 문장을 이루는 주된 뼈대로서, 주성분 중에서도 늘 필요한 성분이에요. 하지만 목적어와 보어는 주성분이기는 하지만 서술어가 무엇인가에 따라서 있을 수도 없을 수도 있어요.

주성분 = 필수 성분

- 문장을 구성하는 데 뼈대를 이루는 역할
- 주되고 꼭 필요한 성분
- 주어, 목적어, 보어, 서술어

다음에 보인 예들을 살펴보아요.

(5) 꽃이 피었다.
(6) 영희가 철수를 좋아한다.
(7) 물이 얼음이 되었다.

'피다'라는 서술어는 '꽃이 피었다'처럼 주어만 주성분으로 요구하는 서술어입니다. 그런데 '좋아하다'는 '영희가 철수를 좋아한다'처럼 주어와 함께 목적어를 주성분으로 요구하는 서술어입니다. 또, '되다'는 '물이 얼음이 되었다'처럼 주어와 함께 보어를 주성분으로 요구하는 서술어입니다.

> (8) 꽃이 피었다.
> (주어) (서술어)
>
> (9) 영희가 철수를 좋아한다.
> (주어) (목적어) (서술어)
>
> (10) 물이 얼음이 되었다.
> (주어) (보어) (서술어)

이렇게 서술어의 종류에 따라서 필요한 주성분의 종류와 개수가 정해지게 됩니다.

형용사는 언제나 주어만 주성분으로 요구합니다. 하지만 동사 중에는 주어만 주성분으로 요구하는 동사가 있고, 주어와 함께 목적어를 주성분으로 요구하는 동사가 있습니다. 그리고 서술어가 '되다(동사)'이거나 '아니다(형용사)'이면 주어와 함께 주성분으로서 보어가 반드시 필요합니다.

동사 중에서 주어만 요구하고 목적어를 요구하지 않는 동사를 **자동사**라고 하고, 주어와 함께 목적어도 요구하는 동사를 **타동사**라고 합니다.

> 용어를 쉽게 이해하는 법!

주어, 목적어, 보어, 서술어의 뜻

　주어는 '主 주인 주', '語 말씀 어', 즉 문장에서 주체, 즉 주인이 되는 말이라는 뜻입니다. 서술어가 나타내는 동작이나 상태의 주체, 즉 주인이 되는 말입니다. **목적어**는 '目 눈 목', '的 과녁 적', '語 말씀 어'를 씁니다. 문장에서 목적, 즉 객체가 되는 말입니다. 서술어가 나타내는 동작의 객체, 즉 대상이 되는 말을 말합니다. **보어**는 '補 도울 보', '語 말씀 어', 즉 돕는 말, 보충해 주는 말입니다. **서술어**는 '敍 펼 서', '述 펼 술', '語 말씀 어', 즉 서술하는 말입니다. 서술이란 사건이나 생각 따위를 차례대로 말하거나 적는 것을 말하죠.

　요약하면 주어는 서술어의 주체가 되는 말이고, 목적어는 객체(=대상)가 되는 말이고, 보어는 보충해 주는 말입니다. 서술어가 이 모든 것의 핵심이 된다는 것을 알 수 있어요. 그래서 서술어가 무엇이냐에 따라서 주어만 있을 수도, 주어와 목적어가 모두 있을 수도, 주어와 함께 보어가 필요할 수도 있게 되는 것입니다.

> 고모와
> 대화하면
> 쉬워져요

문장의, 주성분의 종류와 개수를 아는 방법

궁금한
현진이

고모, 서술어의 종류에 따라서 필요한 주성분의 종류와 개수가 다르다고 하셨잖아요. 그런데 어떤 주성분이 몇 개 필요한지를 어떻게 알아요?

친절한
고 모

아주 좋은 질문이야. 서술어가 꼭 필요로 하는 주성분의 종류와 개수를 아는 방법은 서술어를 중심으로 생각하면 쉬워. 예를 들어 볼게. 서술어 '먹다'를 생각해 봐. 이 말을 듣고 뭐가 궁금해지니?

궁금한
현진이

그야 당연히 '누가 무엇을'이 궁금해지죠.

친절한
고 모

맞아. 그러니까 '먹다'의 주성분은 주어와 목적어가 되는 거야. 다시 말하면 '먹다'라는 말을 할 때는 반드시 '누가' '무엇을' 먹었는지를 말해 주지 않으면 안 된다는 뜻이야. 이런 것이 바로 주성분이지. '누가'는 주어, '무엇을'은 목적어. 그러니까 '먹다'는 '누가, 무엇을'이라는 두 개의 주성분이 필요한 서술어라는 것을 알 수 있어.
 그런데 '피다'와 '되다'는 어떠니? '피었다'고 말하면 우리는 '무엇이'가 궁금하지. '되었다'고 말하면 어떠니? '무엇이 무엇이 되었을까?'가 궁금해지지? 이렇게 '피었다'는 주성분이 주어만 있으면 되는 서술어인데, '되었다'는 주성분이 주어 외에도 보어가 있어야 되는 서술어이기 때문이야.

　이렇게 서술어마다 꼭 있어야 하는 주성분이 무엇인지, 몇 개인지가 대체로 정해져 있어. 그래서 말을 할 때나 글을 쓸 때, 듣는 사람이나 읽는 사람들이 알지 못하는 주성분들을 생략하면 안 되는 거야. 고모가 만약에 현진이에게 뜬금없이 '너 먹었니?'라고 한다면 현진이는 바로 '뭘요?'라고 물을 거야. 주성분은 꼭 필요한 것이기 때문에 마음대로 생략을 해서는 안 되는 거야.

　물론, 서로 충분히 알고 있는 것으로 생각된다면 주성분을 생략하고 말을 해도 괜찮지. 예를 들어 고모가 현진이에게 말을 하고 있는 상황이고, 먹는 대상이 떡이라는 것을 우리가 서로 충분히 알고 있다면 '먹었어?'라고 말해도 현진이는 알아들을 거야. '아, 고모가 지금 '너 떡 먹었어?'라고 말하고 계시는구나' 하고 말이야.

　주성분을 생략해도 되는지 안 되는지는 듣는 사람이나 읽는 사람이 충분히 알 수 있는지 없는지에 달려 있어. 특히 글을 쓸 때는 이 점을 꼭 명심해야 한단다. 그래야 읽는 사람이 읽기 좋은 글이 되는 거야.

주어가 두 개 있는 문장도 있어요?

하나의 절에는 하나의 주어만 있는 것이 보통입니다. 뿐만 아니라 국어에서 주어는 자주 생략이 되어 주어가 보이지 않는 경우도 많습니다. 그런데 한 절에 두 개의 주어가 있는 것 같은 문장들도 있습니다.

예)   1) 코끼리가 코가 길다.
　　　2) 수진이는 얼굴이 예쁘다.
　　　3) 동진이가 마음이 곱다.

예)에 보인 문장들은 모두 주어가 두 개, 서술어가 한 개인 문장인 것으로 보입니다. 하지만 위에 보인 문장들은 주어가 두 개가 아니라 서술어가 절로 이루어진 문장이라고 볼 수 있어요. 이를 그림으로 나타내 보면 [그림02]에 보인 것과 같아요.

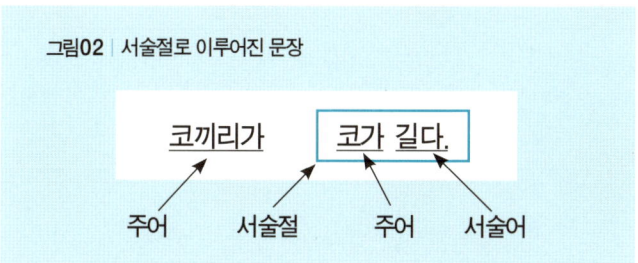

그림02 | 서술절로 이루어진 문장

그림에 보인 것처럼 이 문장 전체의 주어는 '코끼리가'이고, 서술어는 '코가 길다'인데, 이 서술어 역할을 하는 '코가 길다'가 절로 이루어진 것입니다. 그래서 '코가 길다'는 서술절이 되는 것입니다. 서술절은 절이니까 그 안에 다시 주어와 서술어가 있습니다. 이 문장에서 서술절의 주어는 '코가'이고 서술어는 '길다'입니다.

그러니까 주어가 2개가 아니라 절이 2개인데 서술어가 하나는 단어, 하나는 절로 구성된 것이라고 이해하면 됩니다. 서술절에 대해서는 뒤에서 '문장의 확대'에 대해 알아볼 때 다시 이야기할 테니 그때 또 생각해 봐요.

❷ 부속 성분

다음은 부속 성분을 알아보기로 해요. 부속 성분이란 주성분을 꾸며 주는 역할을 하는 것입니다. 부속은 '附 붙을 부', '屬 무리 속'으로 딸려 붙어 있는 것을 말합니다. '부속품'할 때의 '부속'입니다. 그러니까 주성분에 딸려 붙어 있는 성분이 바로 부속 성분이지요.

그래서 부속 성분은 필수적이지 않고 있어도 되고 없어도 되는 수의적인 성분입니다. 그래서 수의 성분이라고 불리기도 합니다. 수의적이라는 말은 '隨 따를 수', '意 뜻 의', 즉 자기 마음대로라는 뜻이에요. 그러니까 수의 성분이란 자기 마음대로 있을 수도 있고 없을 수도 있다는 뜻이에요. 필수에 반대되는 말이죠.

부속 성분에 속하는 것으로는 관형어와 부사어가 있어요. 관형어는 체언을 꾸며 주는 기능을, 부사어는 용언을 꾸며 주는 기능을 하는 문장 성분입니다.

> **부속 성분 = 수의 성분**
>
> - 주성분을 꾸며 주는 역할
> - 주성분에 딸려 있는, 있어도 되고 없어도 되는 성분
> - 관형어, 부사어

예를 들어 볼게요.

(11) 새 옷을 빨리 입었어요.

(11)에서 '새'는 '옷'이라는 명사를 꾸며 주는 역할을 하고 있고, '빨리'는 '입었어요'라는 동사를 꾸며 주는 역할을 하고 있어요. 그래서 '새'는 관형어, '빨리'는 부사어의 역할을 문장 안에서 하고 있습니다.

체언을 수식하는 관형어의 종류에는 네 가지가 있어요. 하나씩 예를 들어 볼게요.

> (12) **새 책**
> (13) **친구의 책**
> (14) **예쁜 책**
> (15) **친구 책**

(12)는 관형사가 관형어가 되는 경우입니다. '새'라는 관형사가 관형어가 되어 '책'이라는 명사를 수식하는 것입니다.

(13)은 체언에 관형격 조사 '의'를 붙여서 후행하는 체언을 수식하는 것입니다. 관형격 조사라는 말이 '관형어의 자격을 주는 조사'라는 뜻이에요. 그러니까 '의'를 붙임으로써 해당 체언이 관형어의 자격을 갖게 됩니다.

(14)는 용언의 어간이나 서술격 조사에 관형사형 전성 어미가 붙어서 후행하는 체언을 수식하는 것입니다. '예쁘다'는 형용사입니다. 형용사는 명사를 그냥 꾸며 줄 수 없습니다. 명사를 꾸며 주는 것은 관형사이지 형용사가 아니니까요. 형용사는 동사와 함께 서술어 역할을 하는 것이 일반적이죠.

그런데 형용사가 체언을 꾸며 줄 수 있는 방법이 있어요. 그것은 형용사의 어미를 바꿔 주는 것입니다. 관형사형 전성 어미로 어미를 바꿔 주면 형용사가 관형사의 성질을 갖게 되는 것입니다. 관형사의 성질이란 바로 체언을 꾸며 주는 것이죠.

'관형사형 전성 어미'라는 이름 자체가 그 성질을 보여 주고 있어요. 관형사의 모양으로 성질을 바꿔 주는 어미라는 뜻입니다.

(15)는 관형격 조사 '의' 없이 명사가 명사를 꾸며 주고 있어요. 이 경우에는 '의'가 들어갔을 때 자연스러운 경우도 있고, 그렇지 않은 경우도 있어요. 예로 들었던 '친구 책'은 '친구의 책'처럼 관형격 조사 '의'가 들어가도 크게 어색하지 않죠. 그런데 '서울 사람'의 경우는 '서울의 사람'과 같이 '의'를 넣으면 좀 어색하죠.

관형어를 만드는 방법

1) 관형사
2) 관형격 조사
3) 관형사형 전성 어미
4) 명사 연결

다음은 부사어에 대해 알아봅시다.

부사어도 관형어처럼 문장의 부속 성분입니다. 주성분에 딸린, 즉 부속된 성분입니다. 주로 서술어를 꾸며 주는 것이 부사어의 역할이지만 서술어뿐 아니라 관형어와 부사어를 꾸며 주기도 합니다.

예를 들어 볼게요.

> (16) 책이 참 많다.
> (17) 아주 헌 옷이다.
> (18) 아주 높이 뛰었다.
> (19) 과연 아주 높이 뛰는구나!

(16)번 문장에서는 '참'이라는 부사가 부사어가 되어 서술어인 '많다'를 꾸며 주고 있습니다. (17)번 문장에서는 '아주'라는 부사가 부사어가 되어 '헌'이라는 관형어를 꾸며 주고 있습니다. 또, (18)번 문장에서는 '아주'라는 부사가 부사어가 되어 '높이'라는 다른 부사어를 꾸며 주고 있습니다. 마지막으로 (19)번 문장에서 '과연'은 문장 전체를 꾸며 주고 있어요.

[그림03]은 부사어가 꾸며 주고 있는 것이 무엇인지를 그림으로 나타내 본 것입니다.

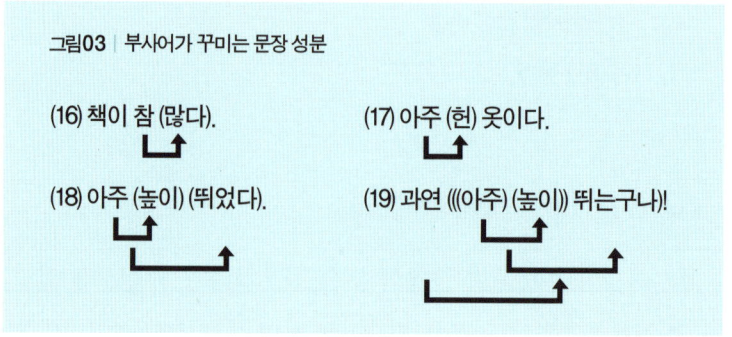

부사어가 될 수 있는 것은 부사만이 아닙니다. 그럼 부사어를 만드는 방법을 알아보기로 해요.

용언의 어미를 바꾸어 부사어를 만들기도 하고 명사에 조사를 붙여서 부사어를 만들기도 합니다. (20), (21), (22)는 다양한 품사의 단어들이 부사어가 되는 예들을 보여 주고 있습니다.

> (20) 현진이는 높이 뛴다.
> 　　　　　　(부사, 부사어)
>
> (21) 수진이는 예쁘게 웃었다.
> 　　　　　　　(형용사, 부사어)
>
> (22) 석진이는 친구를 서울역에서 오후에 만났다.
> 　　　　　　　　(명사+조사, 부사어) (명사+조사, 부사어)

(20)은 부사가 부사어가 되는 경우를, (21)은 형용사가 적절히 어미를 바꾸어 부사어가 되는 경우를, (22)는 명사가 부사격 조사와 결합하여 부사어가 되는 경우를 각각 보여 줍니다.

부사어를 만드는 방법

1) 부사
2) 부사형 전성어미
3) 부사격 조사

③ 독립 성분

끝으로 독립 성분에 대해 살펴봐요. **독립 성분**이란 문장 안에서 다른 성분들과 관계를 맺지 않고 따로 떨어져 있는, 즉 독립적인 성분을 말합니다. 독립적이란 다른 것에 의존하지 않고 혼자 서 있는 것을 말합니다. 독립 성분에는 독립어가 있습니다. 독립어에 속한 단어에는 감탄사가 있습니다.

> (23) 어머나, 수진이가 밥을 먹는구나!
> (24) 현진아, 꽃이 피었어.

(23)에서는 '어머나'가, (24)에서는 '현진아'가 바로 독립어입니다. 차근차근 같이 살펴봐요.

(23)에서 '수진이가'는 주어, '밥을'은 목적어, '먹었구나'는 서술어입니다. '먹다'는 주어와 목적어를 주성분으로 갖는 서술어입니다. 그러니까 '어머나'는 주성분이 아닙니다. 또, '어머나'는 문장의 주어, 목적어, 서술어, 어떤 것과도 관련이 되어 있지 않습니다. 즉, 부속 성분도 아닙니다.

'어머나'의 품사는 감탄사입니다. 감탄사는 단어의 세계를 여행할 때 알아보았던 것처럼 문장 안에서 주로 독립적인 역할(기능)을 한다고 해서 독립언에 속한다고 했어요.

독립적이라는 것은 다른 문장 성분들과 관련을 맺지 않는다는 뜻이에요. '어머나'와 같은 감탄사는 다른 문장 성분들과 관계를 맺지 않고 말하는 사람의 놀람이나 느낌, 부름이나 응답을 나타내죠.

(24)에서 '꽃이'는 주어, '피었어'는 서술어입니다. '피다'는 주어만 주성분으로 갖는 서술어이니 '꽃이'가 주어로 갖추어져 있습니다. 문장에서 '현진아'는 주성분이 아닙니다. 그런데 '현진아'는 '꽃이'라는 주어와도, '피었어'라는 서술어와도 아무런 관련이 없습니다. 주어를 꾸며 주지도, 서술어를 꾸며 주지도 않고 있어요. '현진아'는 매우 독립적이죠. 즉 독립 성분인 독립어라는 것을 알 수 있습니다.

'현진아'를 잘 들여다봐도 '현진아'가 독립언이라는 것을 알 수 있어요.

> (25) 현진아 → 현진(명사) + 아(호격 조사)

(25)에 보인 것처럼, '현진아'는 '현진'이라는 명사에 '아'라는 호격 조사가 붙은 어절이에요. 호격 조사란 누군가를 부르는 말이 되게 해서 독립어의 자격을 주는 조사죠. 그러니까 이 호격 조사가 붙은 어절은 독립어가 되는 것입니다. 호격(呼格)의 '호(呼)'자가 '부를 호'자입니다. 호격 조사란 이렇게 부르는(呼) 자격(格)을 만들어 주는 조사입니다.

독립어를 만드는 방법

1) 감탄사

2) 호격 조사

접속 부사의 문장 성분

단어의 세계를 여행할 때 문장 부사들을 만난 적이 있었죠? 문장 부사란 '문장 전체를 꾸며 주거나 문장과 문장을 이어주는 부사'를 말해요. 그러니까 문장 부사에는 두 가지 종류가 있는 거예요. 문장 전체를 꾸며 주는 부사와 문장과 문장을 이어주는 부사 말이에요.

문장 부사는 문장 전체를 꾸며 주는 역할을 하니까 문장 성분이 부사어가 될 것 같은데, 문장과 문장을 이어주는 부사들은 문장 성분이 무엇일까요?

접속 부사라고 불리는 이 부사들은 문장과 문장을 이어주는 역할을 하기 때문에 사실은 문장 안의 어떠한 성분과도 관계를 맺고 있지 않아요. 예문을 살펴봅시다.

예문) 1) 나는 밥을 먹었다. 그리고 물을 마셨다.
       2) 나는 밥을 먹었다. 그러나 배가 부르지 않았다.

예문 1)과 2)에 보인 예에서 '그리고'와 '그러나'는 앞의 문장과 뒤의 문장을 이어주는 역할을 합니다. 접속 부사인 '그리고'는 앞의 문장과 뒤의 문장을 뜻이 순조롭게 이어지도록 하고 있고, '그러나'는 앞의 문장과 뒤의 문장을 뜻이 서로 상반되게 이어지도록 하고 있습니다.

즉, '그리고'나 '그러나'는 앞의 문장과 뒤의 문장이 서로 어떤 의미적인 관계에 있는지를 알려주는 역할을 할 뿐, 문장 안에서 다른 문장 성분들과 관계를 맺고 있지 않습니다. 문장 전체를 꾸며 주는 역할을 하는 것도 아닙니다. 접속 부사들은 이렇게 문장 안에서 어떠한 성분과 관계를 맺고 있다고 보기 어렵습니다. 매우 독립적인 성격이 강합니다.

그럼 문장 부사의 문장 성분을 독립어라고 보면 어떨까요? 문장 성분이, 문장 안에서의 역할을 말하는 것이라고 보면 독립어라고 하는 것이 하나도 어색하지 않아요. 문장 안의 어떠한 것과도 관계를 맺고 있지 않으니까요.

하지만 문장 성분은 품사와 밀접한 관련을 가지고 있어요. 부사는 대체로 부사어의 역할을 하고 관형사는 대체로 관형어의 역할을 하는 것이 일반적이에요. 그런데 문장 부사에 속하는 접속 부사의 문장 성분을, 부사어가 아니라 독립어로 보는 것은 조금 부담스럽고 혼란을 가져올 수 있습니다. 그래서 접속 부사의 문장 성분을 부사어로 보고 있는 것입니다.

그럼 여기서 의문이 하나 들겠죠? 그럼 이 단어들의 품사를 수식언인 부사에 넣지 말고, 독립언에 속하게 하면 되지 않냐고 말이에요. 어차피 접속 부사들은 다른 부사들과는 달리 꾸며 주는 역할을 하지도 않으니까요.

그런데 독립언에 속하는 단어들은 감탄사들이에요. 감탄사란 느낌이나 탄식, 부름이나 응답을 나타내는 단어들이죠. '그러나, 그런데, 그러니까' 등과 같은 단어들을 감탄사들과 같은 부류로 묶는 것은 좀 이상하죠. 그래서 이 단어들을 부사에 포함시킨 것입니다. 성분 부사가 아니니까 문장 부사의 하나로 분류한 거예요. 그리고 문장 부사를 다시 문장을 꾸며 주는 것(문장 부사)과 문장과 문장을 이어주는 것(접속 부사)으로 나눈 것입니다. 이렇게 이 단어들을 문장 부사로 분류했다면 이들의 문장 성분을 부사어로 보는 것이 좋겠다는 것이 현재 학교 문법에서 취하고 있는 입장입니다.

이렇게 언어는 두부 자르듯이 딱 자를 수가 없는 경우가 생겨요. 그래서 가끔씩 여러분을 힘들게도 할 거예요. 하지만 이런 몇 가지들 때문에 언어의 세계를 탐험하는 재미가 뚝 떨어지면 안 되겠죠? 그 재미를 이어가는 방법은 바로 이렇게 그 이유를 꼬치꼬치 따져 보는 것이랍니다.

헷갈리지 말자!

〈관형사와 관형어 너무 헷갈려요!〉

이름이 비슷해서 많이 헷갈리는 것들이 있습니다. 가족의 이름을 남들이 들으면 아주 헷갈려요. 조카들의 이름을 볼까요? 나이 순서대로 신현진, 신동진, 신석진, 신수진이에요. 이름이 세 글자씩인데 세 글자 중에서 두 글자가 같네요. 가운데만 달라요.

첫 글자와 마지막 글자가 같은 것은 모두 같은 집안 사람이고 같은 항렬이기 때문이에요. 신 씨 집안이니까 이름에 '신'을 가지고 있고, 모두 형제 관계이기 때문에 똑같이 돌림자인 '진'자를 끝에 가지고 있는 것입니다. 그리고 가운데 글자는 누가 누구인지를 알려 줍니다. 그러니까 현진이는 '현'이 중요하고, 동진이는 '동'이 중요합니다.

관형사와 관형어도 세 글자 중에서 두 글자가 같네요. 조카들 이름처럼 말이에요. 첫 두 글자가 같은 것은 둘이 비슷하기 때문이고, 마지막 글자가 다른 것은 둘이 다르기 때문이에요. 그래서 '관형'은 같은데 '사'인지 '어'인지가 다르죠.

'관형'의 '관'은 '모자'를 뜻합니다. '의관을 갖추다' 할 때 '관'입니다. '의관'이란 '옷과 모자'를 말합니다. '의'는 옷, '관'은 모자라는 뜻의 한자입니다. '관형'은 체언에 모자를 씌워서 꾸며 준다는 뜻이에요. 이 얘기는 단어의 세계를 여행할 때 자세히 설명했었죠. 결국, 관형어와 관형사는 모두 체언에 모자를 씌워서 꾸민다는 공통점 때문에 '관형'이라는 이름을 갖는 것입니다. 하지만 '관형사'는 품사의 하나이기 때문에 이름에 '사'를 가지고 있고, '관형어'는 문장 성분의 하나이기 때문에 '어'자를 가지고 있습니다.

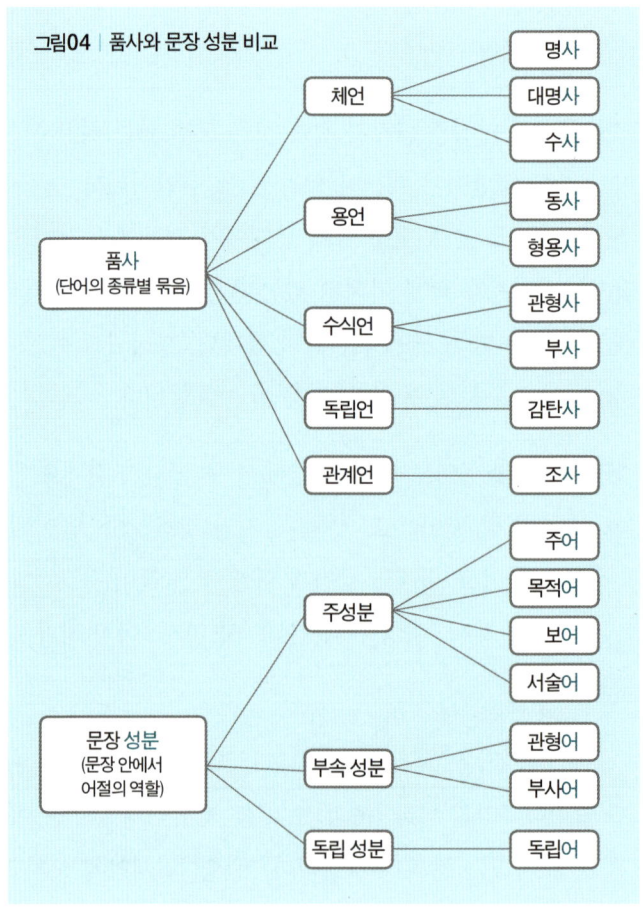

그림04 │ 품사와 문장 성분 비교

품사는 단어를 분류한 것이고, 문장 성분은 문장 안에서 어절이 하는 역할에 따라 분류한 것입니다. 그런데 어절은 단어에 조사가 붙은 것이니 단어가 어절이 되는 경우가 많아서 똑같은 단어를 두고 관형사 혹은 관형어라고 하게 되어 헷갈리는 것입니다.

품사는 문장과는 별개로 갖게 되는 그 단어의 종류 이름이고, 문장 성분은 그 단어가 특정 문장 안에서 하게 되는 역할의 종류 이름입니다. 그래서 어떤 단어는 문장 안에서 다양한 역할을 수행하게 되면서 같은 품사이지만 아주 다른 문장 성분이 될 수 있는 것입니다. 마치 나는 '신지영'이지만 어떤 장면에 들어가는가에 따라서 '교수'라는 역할 이름을 갖기도 하고, '고모'라는 역할 이름을 갖기도 하고, '아내'라는 역할 이름을 갖기도 하고, '딸'이라는 역할 이름을 갖기도 하는 것처럼요.

그럼 예를 들어 볼게요.

예) 1 **엄마, 영희가 밥을 먹어요.**
    품사:　　　　명사　　명사-조사　명사-조사　동사
    문장성분:　　독립어　　주어　　　목적어　　서술어

　　　2 **엄마가 영희를 사랑한다.**
    품사:　　　　명사-조사　명사-조사　동사
    문장성분:　　주어　　　목적어　　서술어

| 3 | 오늘 먹을 것은 밥이다. |

품사:　　　　부사　　동사　　명사-조사　명사-조사
문장성분:　　부사어　관형어　　주어　　　서술어

| 4 | 빵은 밥이 아니다. |

품사:　　　　명사-조사　명사-조사　형용사
문장성분:　　　주어　　　보어　　　서술어

　예에서 보듯이 '엄마'라는 단어는 어떤 문장에서도 늘 품사가 명사입니다. 하지만 문장 성분은 1번과 2번에서 다릅니다. 1번에서는 독립어, 2번에서는 주어입니다. '밥'이라는 단어도 1번, 3번, 4번에 쓰였는데, 품사는 모두 명사이지만 1번에서는 목적어, 3번에서는 서술어, 4번에서는 보어로 쓰이고 있습니다. 이제 좀 명확해졌나요?

요약 정리

- 문장 성분이란 어절이 문장 안에서 하게 되는 역할을 말합니다.

- 어절이 문장 안에서 하게 되는 역할에는 주어, 목적어, 보어, 서술어, 관형어, 부사어, 독립어가 있습니다.

- 문장 성분에는 문장을 구성하는 데 뼈대를 이루는 주성분과, 주성분들을 꾸며 주면서 주성분에 딸려 있는(즉, 부속되어 있는) 부속 성분, 그리고 다른 문장 성분과 관계를 맺지 않고 따로 떨어져 있는 독립 성분이 있습니다.

- 주성분에는 주어, 목적어, 보어, 서술어가 있습니다. 주어란 문장의 주체가 되는 말이고 목적어란 대상이 되는 말, 보어란 보충해 주는 말, 서술어란 서술해 주는 말입니다. 서술어에 따라서 주성분의 종류와 개수가 결정됩니다.

- 부속 성분에는 관형어와 부사어가 있습니다. 관형어는 주성분 중에서 주어, 목적어, 보어를 꾸며 주고, 부사어는 주성분 중에서 서술어를 꾸며 줍니다.

- 독립 성분에는 독립어가 있습니다. 독립어는 문장 안에 있는 다른 성분들과 관련을 맺지 않습니다.

그림05 | 문장 성분

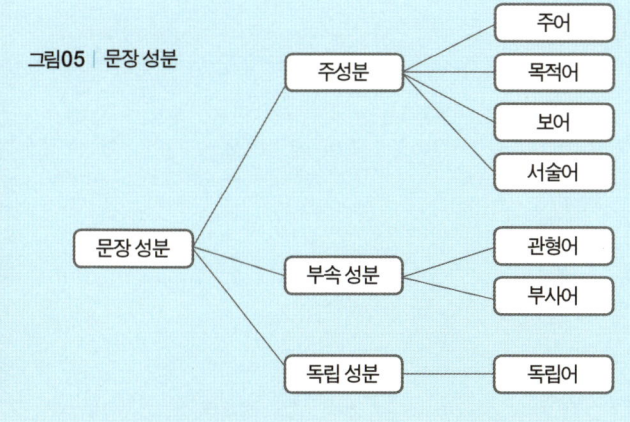

연습해 봅시다 1

- 다음 문장을 보고 각 단어의 품사와 각 어절의 문장 성분이 무엇인지 써 보세요.

1) 엄마는 내 동생이 노래를 부르는 것을 좋아하신다.

2) 고모는 칼로 사과를 깎았다.

3) 동진이가 선생님께 예쁜 카네이션을 드렸다.

4) 석진이가 동진이를 너무 좋아한다.

5) 새 술은 새 부대에 넣으라는 말도 있다.

6) 수진이는 중학생이 아니다.

7) 그래, 네가 맞았다.

● 궁금한 사항은 미다스북스 블로그 '신지영 교수의 한국어 문법 여행' 게시판에 질문해 보세요.

문장의 확대: 긴 문장 만들기

4

    문장에는 주어와 서술어가 한 개씩만 있을 수도 있지만, 주어와 서술어가 두 개 이상씩 있을 수도 있습니다.

    주어와 서술어가 한 번씩만 나타나는 문장을 **홑문장**이라고 하고, 주어와 서술어가 두 번 이상씩 나타나는 문장을 **겹문장**이라고 합니다.

    문장은 이렇게 주어와 서술어의 수를 2개 이상으로 늘려서 확대할 수 있습니다. 이것을 **문장의 확대**라고 합니다.

    확대라는 말은 잘 알죠? 확대란 '擴 넓힐 확'과 '大 클 대', 모양이나 규모 따위를 더 크게 하는 것을 말해요. 그러니까 문장의 확대란 문장의 규모, 즉 문장의 크기를 더 크게 하는 것을 말합니다.

문장을 길게 만드는 것을 말하지요.

문장이란 하나의 완결된 생각을 나타내는 가장 작은 단위라고 했습니다. 그 완결된 생각이 단순하다면 주어와 서술어가 한 개씩 있는 홑문장으로도 가능하겠지만, 조금 복잡하다면 여러 개의 주어와 서술어가 연결되는 겹문장이 필요하게 됩니다.

한 문장 안에 있는 주어와 서술어의 묶음이 절이라는 문법 단위입니다. 그러니까 문장이 절 1개로 이루어져 있다면 홑문장이 되고, 2개 이상으로 이루어져 있다면 겹문장이 됩니다.

다음 문장을 살펴봅시다.

> (1) 생각이 곧다.
> 친구가 좋다.

(1)의 두 문장은 두 개의 완결된 생각을 표현한 것입니다. '생각이 곧다'는 생각과 '친구가 좋다'는 생각이 따로 떨어져 있지요. 두 문장은 아무런 관계를 맺지 않고 따로 떨어져 있어요. 여러분은 그냥 두 가지 서로 다른 생각을 한 것입니다.

그런데 친구가 좋은 이유가 그 친구의 생각이 곧기 때문이라는 생각을 했다면 이 생각은 하나의 생각이 됩니다. 그렇다면 이 하나의 생각을 한 문장으로 나타내고 싶어질 것입니다. 그 방법은 바로 두 문장을 이어서 하나의 문장을 만드는 것입니다. 그럼 하나의 생각을 표현하게 됩니다. 다음에 보인 (2)와 같이 말입니다.

(2) 그 친구는 생각이 곧아서 좋다.

　(2)와 같이 표현하면 생각이 곧은 것이 친구가 좋은 '원인'이나 '이유'가 된다는, 하나의 완결된 생각을 한 문장으로 나타낼 수 있습니다. 이렇게 여러분은 문장을 확대하여 하나의 문장으로 만듦으로써 조금은 복잡한 생각을 표현할 수 있게 되는 것입니다.

　그럼 이제 문장을 어떻게 확대하는지 그 방법을 자세히 알아보도록 해요.

❶ 문장을 확대하는 방법

　문장을 확대하는 방법에는 두 가지가 있습니다. 하나는 2개 이상의 절을 그냥 사슬을 엮듯이 죽 이어가는 방법이고, 다른 하나는 하나의 절 안에 다른 절을 넣는 방법입니다.

　2개 이상의 절들을 사슬을 엮듯 죽 이어서 만든 문장을 **이어진 문장**이라고 하고, 절 안에 절을 넣어 만든 문장을 **안은 문장**이라고 합니다. [그림01]처럼 말이에요.

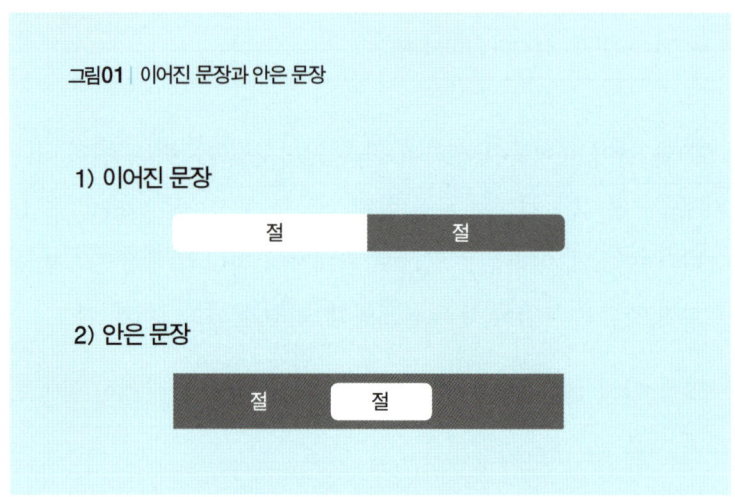

다음의 [그림02]에서 보듯이 이어진 문장은 절과 절이 서로 손을 잡고 있는 것으로 생각하면 쉽고, 안은 문장은 한 절이 다른 한 절을 품에 안고 있다고 생각하면 쉬워요. 엄마가 아기를 안은 것처럼 말이에요. 그럼 이제 이어진 문장과 안은 문장으로 문장이 어떻게 확대되는지 더 자세히 알아보기로 해요.

❷ 이어진 문장

이어진 문장이란 문장을 구성하는 두 개 이상의 절들이 이어져 있는, 즉 접속(接續, 接 이을 접, 續 이을 속)되어 있는 문장을 말합니다. 그래서 이어진 문장을 **접속문**(接續文)이라고 부르기도 합니다.

이어진 문장에는 **대등하게 이어진 문장**(=대등 접속문)과 **종속적으로**

그림02 | 손잡기(이어진 문장)와 아기 안기(안은 문장)

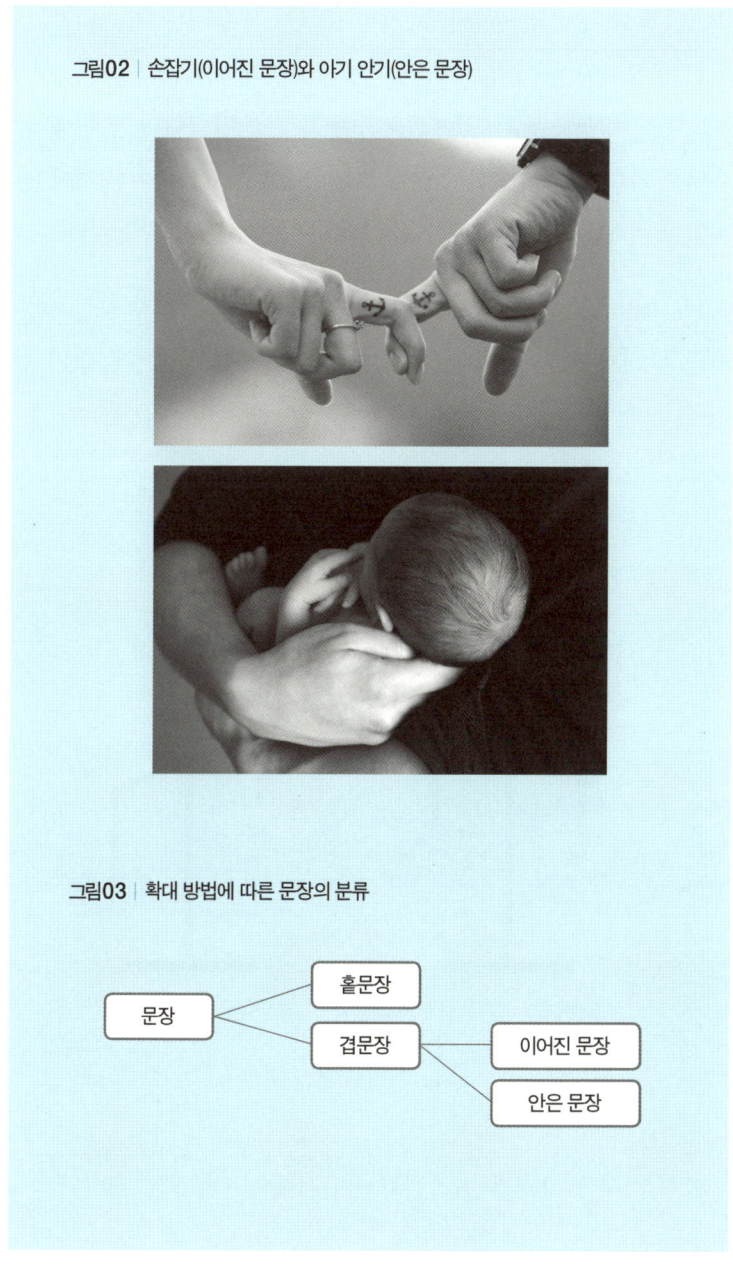

그림03 | 확대 방법에 따른 문장의 분류

이어진 문장(=종속 접속문)의 두 가지 종류가 있습니다. 대등하게 이어진 문장이란 두 절의 힘이 거의 비슷한, 즉 대등(對等, 서로 견주어 높고 낮음이나 낫고 못함이 없이 비슷함)한 문장을 말합니다. 반면에 종속적으로 이어진 문장이란 앞에 위치한 절이 뒤에 위치한 절에 종속(從屬, 자주성이 없이 주가 되는 것에 딸려 붙음)된 문장을 말합니다.

두 절의 중요성을 무게로 나타내면 대등하게 이어진 문장은 두 절의 무게가 비슷한 것이고 종속적으로 이어진 문장은 뒷절이 앞절에 비해 무게가 무거운(즉 중요한) 문장이라고 할 수 있습니다. 이것을 그림으로 그려 보면 [그림04]와 같습니다.

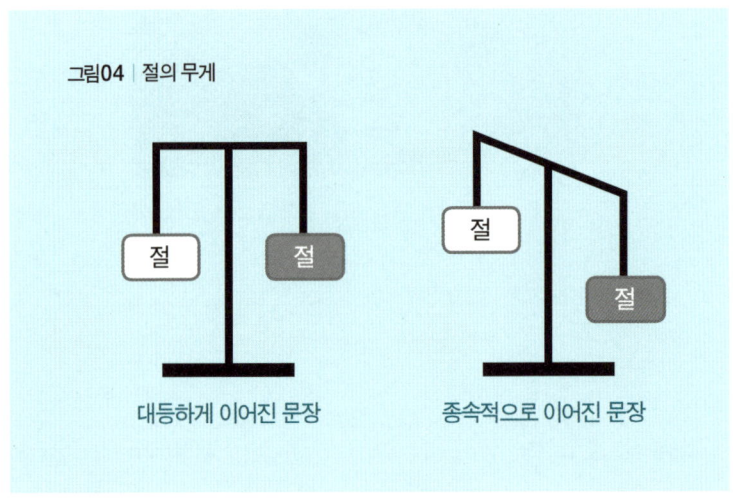

그림04 | 절의 무게

그럼 이제 실제 문장을 가지고 이야기해 보기로 하겠습니다.

> (3) 나는 서울에 있고 친구는 부산에 있다.
> 나는 서울에 있지만 친구는 부산에 있다.

(3)은 대등하게 이어진 문장입니다. 그래서 (3)에 보인 문장들은 두 절의 순서를 바꾸어도 의미가 통하는 데는 문제가 없습니다. (4)에 보인 것처럼 약간의 어감(뉘앙스) 차이는 있지만 말하고자 하는 내용 자체가 달라지지는 않습니다. 그래서 두 절이 대등한 관계에 있다고 하는 것입니다.

> (4) 나는 서울에 있고 친구는 부산에 있다.
> → 친구는 부산에 있고 나는 서울에 있다.
>
> 나는 서울에 있지만 친구는 부산에 있다.
> → 친구는 부산에 있지만 나는 서울에 있다.

다음은 종속적으로 이어진 문장을 살펴보기로 해요. (5)는 종속적으로 이어진 문장입니다.

> (5) 눈이 와서 길이 미끄럽다.
> 100점을 맞으면 선물을 사 준다.

(5)번의 두 문장은 모두 각각 2개의 절을 가지고 있습니다. 각 문장에서 두 절의 위치를 바꾸어 봐요. (6)처럼 말이에요. 이렇게 바꾸면 말이 되지 않거나 내가 하고자 하는 말과는 완전히 다른 말이 되어 버립니다. (6)번을 함께 봅시다.

> (6) 눈이 와서 길이 미끄럽다.
> → 길이 미끄러워서 눈이 왔다. (논리적으로 이상한 문장)
>
> 100점을 맞으면 선물을 사 준다.
> → 선물을 사 주면 100점을 맞는다. (원래 의도와는 다른 문장)

(6)번에 보인 것처럼 (6)의 문장은 그 순서를 바꾸었더니 논리적으로 좀 이상한 문장이 되거나, 원래 의도했던 것과는 다른 문장이 되어 버린다는 것을 알 수 있어요. 왜냐하면 (5)번에 있는 문장들은 문장을 구성하고 있는 절들의 관계가 대등하지 않기 때문이에요. 뒤에 있는 절이 주인이 되는 절이고, 앞에 있는 절이 그에 딸린 절이기 때문이에요.

달리 말해서 '눈이 와서 길이 미끄럽다'는 문장에서 내가 하고 싶은 말의 핵심은 '길이 미끄럽다'는 것이에요. '눈이 와서'는 길이 미끄러운 이유를 설명하고 있을 뿐이에요. '100점을 맞으면 선물을 사 준다' 역시 중요한 것은 '선물을 사 준다'입니다. '100점을 맞으면'은 선물을 사 주는 조건이 될 뿐이에요. 그 조건이 맞으면 선물을 사 준다는 것이 화자가 말하려고 하는 내용이에요. 그러니까 중심은 뒤에 있습니다.

그러다 보니 두 절의 위치를 바꾸면 완전히 다른 말이 됩니다. 두 절의 위치를 바꿔서 '길이 미끄러워서 눈이 왔다'를 먼저 만들어 봅시다. '눈이 왔다'가 주인이 되는 절(='주절'이라고 부릅니다)이니 하고 싶은 말입니다. '길이 미끄러워서'는 주절인 '눈이 왔다'에 딸린, 즉 종속된 종속절입니다. 종속절인 '길이 미끄러워서'는 주절인 '눈이 왔다'의 이유가 되어야 합니다. 그런데 길이 미끄러운 것이 눈이 오는 이유가 될 수 없기 때문에 이상한 말이 되는 거예요.

그럼 두 절의 위치를 바꾼 '선물을 사 주면 100점을 맞는다'는 어떤가요? 주절이 '선물을 사 준다'에서 '100점을 맞는다'로 바뀌었습니다. 그러다 보니 원래 의도와는 달리 '선물을 사 준다'는 것이 하고 싶은 말이 아니라, 하고 싶은 말의 조건이 되었습니다. 혹시 여러분은 부모님께서 여러분에게 '100점을 맞으면 선물을 사 준다'고 말씀하시면 '선물을 사 주면 100점을 맞는다'로 문장을 바꿔 말한 적이 없나요? 다 이유가 있었던 거예요.

이렇게 종속적으로 이어진 문장은 주절과 종속절의 위치를 바꾸면 논리적으로 이상한 문장이 되거나 완전히 다른 의미를 가진 문장이 되어 버립니다.

이어진 문장은, 대등하게 이어진 문장이나 종속적으로 이어진 문장이나 모두 **연결 어미**를 이용해서 만듭니다. 대등하게 이어진 문장은 **대등적 연결 어미**를 가지고, 또 종속적으로 이어진 문장은 **종속적 연결 어미**를 가지고 만듭니다. [그림05]에 보인 것처럼 말이에요.

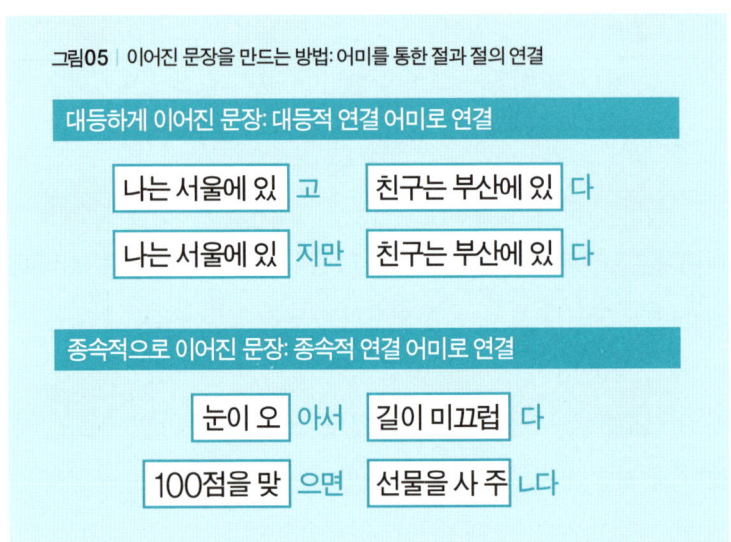

이어진 문장이 되도록 절과 절을 연결시켜 주는 연결 어미는 다음 [그림06]에 보인 것과 같습니다.

그림에서 보듯이 절과 절을 어떤 의미로 연결할지에 따라서 적절한 어미를 선택해서 이어진 문장을 만들게 됩니다.

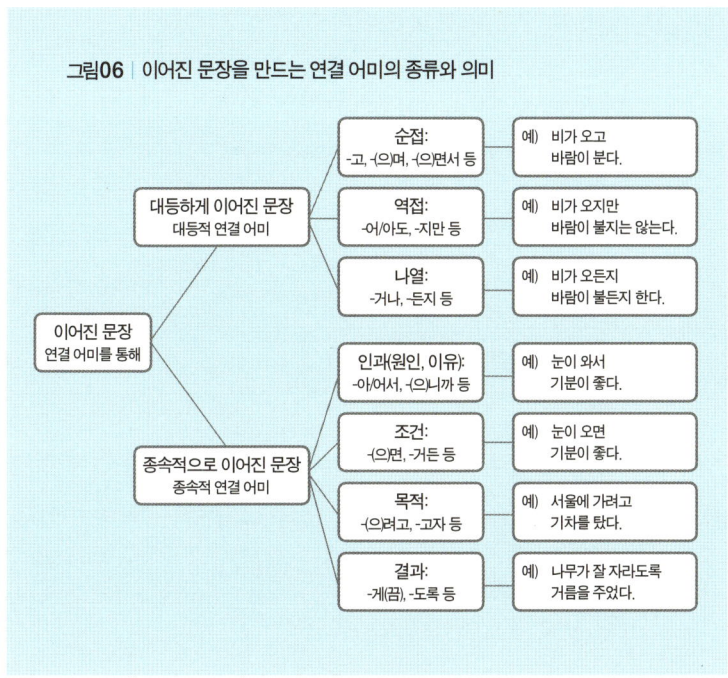

③ 안은 문장

 안은 문장이란 문장 안에 한 절이 다른 절을 안고 있는 문장을 말해요. 즉 절과 절의 관계가 안고 안기는 관계에 있는 문장입니다. 안은 문장은 내포문(內包文)이라고도 불립니다. 절이 절을 내포(內包, 內 안 내, 包 쌀 포), 즉 안에 싸서 품고 있기 때문이죠. 엄마가 아기를 안은 것처럼 절이 절 안에 안겨 있는 것입니다. 절 안에 절이 들어가 있는 거죠. 앞의 [그림02]에서 본 것처럼이요. 안은 문장이란 한 절이 한 절을 안고 있는 문장이니까 안은 문장에는 안은 절이 있고, 이에 안긴 절이 있게 됩니다.

그럼 지금부터 왜 절이 절 안에 들어가 있는지, 그리고 절 안에 절이 어떻게 들어갈 수 있는지 차근차근 알아보기로 해요.

우선 왜 절 안에 절이 들어가 있는지부터 알아봅시다.

(7) 학생이 책을 읽었다.

(7)번에 있는 문장은 홑문장이에요. 서술어인 '읽었다'는 주어와 목적어가 필요한 서술어입니다. 이 문장에서 주어는 '학생이'이고, 목적어는 '책을'이고, 서술어는 '읽었다'입니다. 이 문장은 주성분으로만 되어 있어요.

그런데 여러분은 주성분 외에 부속 성분을 넣어 문장을 다음과 같이도 만들 수 있어요. (8)번에 있는 문장처럼요.

(8) 어떤 학생이 새 책을 먼저 읽었다.

(8)번에 있는 문장은 각 주성분에 그 성분들을 꾸며 주는 부속 성분들이 하나씩 붙어 있습니다. [그림07]에 보인 것처럼 주어와 목적어는 관형어가 꾸며 주고 있고, 서술어는 부사어가 꾸며 주고 있습니다.

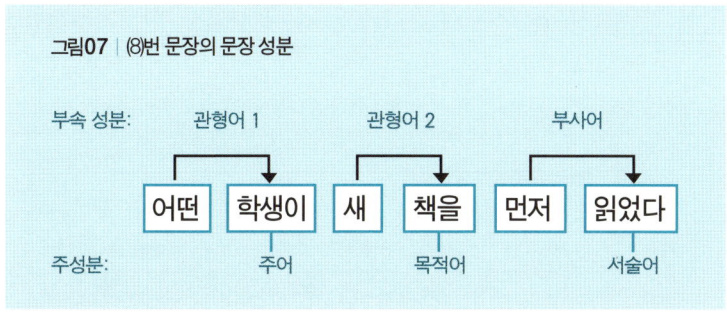

(8)번 문장의 예에서는 부속 성분들이 모두 단어 수준입니다. 그래서 관형어에는 관형사가 쓰였고, 부사어에는 부사가 쓰였습니다. 그런데 관형어가 될 수 있는 것은 관형사만이 아니죠. 관형어는 단어가 아니라 구나 절이 될 수도 있습니다. (8)번과 똑같은 주성분을 가진 문장을 (9)와 같이 부속 성분들을 절로 만들어 확장할 수도 있습니다.

(9) 눈이 예쁜 학생이 내가 산 책을 허락도 없이 읽었다.

(9)번 문장은 주성분인 주어, 목적어, 서술어를 꾸며 주는 부속 성분이 절로 이루어져 있습니다. 주어와 목적어는 명사이므로 명사를 꾸며 주는 절은 관형절입니다. 서술어는 동사이므로 동사를 꾸며 주는 절은 부사절입니다. 각 절들은 주어와 서술어를 별도로 가지고 있죠.

이것을 그림으로 나타내 본 것이 [그림08]입니다. 그림에서 보듯이 각 주성분을 꾸며 주고 있는 부속 성분들이 단어가 아니라 절의 수준이라는 것을 알 수 있습니다.

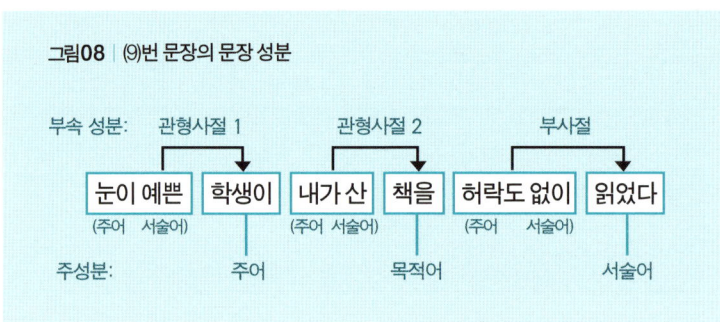

그림08 | (9)번 문장의 문장 성분

수의 성분, 즉 있어도 되고 없어도 되는 성분을 절로 만들어 문장을 확장하니 문장에 내가 하고 싶은 이야기가 풍성하게 담깁니다.

물론, 수의 성분만 절로 만들어 확장할 수 있는 게 아닙니다. 주성분도 역시 절로 만들어 확장할 수가 있습니다.

주성분인 주어와 목적어, 보어 그리고 서술어가 어떻게 절을 안고 확장되는지를 알아봅시다.

> (10) 그 소설을 이해하기가 어렵다.
> (11) 나는 수진이가 그 이야기의 주인공임을 안다.
> (12) 내 취미는 친구들과 노래 부르기가 되었다.
> (13) 내 동생이 머리가 아프다.

(10)번 문장의 골격은 'X가 어렵다'입니다. X는 '어렵다'의 주어가 되는 것이지요. 그런데 그 X에 단어가 아니라 '그 소설을 이해하다'라는 절이 들어가 있는 것입니다. 절이기는 하지만 주어가 되어야 하니 용언의 어미를 명사형으로 '이해하기'와 같이 만들어 준 것입니다.

(11)번 문장의 골격은 '나는 X를 안다'입니다. 그런데 그 X에 역시 단어가 아니라 '수진이가 그 이야기의 주인공이다'라는 절이 들어가 있는 것이죠. 목적어에 해당하는 내용이 절로 확장된 것입니다. 목적어 역시 명사이니 서술격 조사를 명사형 어미로 바꿔 '주인공임'과 같이 만들어 준 것입니다.

(12)번 문장의 골격은 '내 취미는 X가 되었다'입니다. 그 X에 '친구들과 노래 부르다'라는 절이 들어간 것입니다. 보어에 해당하는 것이 절로 확장된 예입니다. 보어 역할을 하기 위해서는 역시 명사형 어미가 되어야 하므로 '부르기'와 같이 활용한 것입니다.

(10)번에서 (12)번 문장은 주어, 목적어, 보어가 절로 확장된 것이니 확장된 절은 모두 명사절을 안게 될 것입니다. 따라서 이 문장들은 모두 명사절을 안은 문장이 됩니다.

그런데 (13)번 문장은 서술어가 확장된 예입니다. 이 문장에서 '내 동생이'는 주어이고 '머리가 아프다'는 서술어이기 때문입니다. '머리가 아프다'는 주어와 서술어를 갖춘 절입니다. 주어인 '내 동생이'를 서술하는 서술어가 절로 구성되어 있으므로 이 절은 서술절을 안은 문장이 되는 것입니다.

[그림09]는 (10)번에서 (13)번 문장을 주성분인 주어, 목적어, 보어, 서술어가 어떻게 확장되고 있는지 이해하기 쉽게 보인 것입니다.

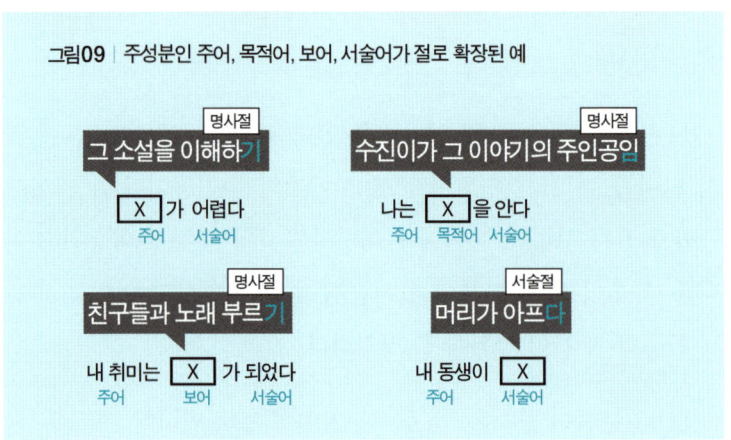

안은 문장에는 다음과 같이 인용문을 안고 있는 문장도 있습니다. 인용절을 안은 문장이 그것이지요. 인용(引用)이란 '引 끌 인', '用 쓸 용'으로 남의 말이나 글을 자신의 말이나 글 속에 끌어서 쓰는 것을 말합니다. (14)와 (15)에 보인 것과 같이요.

(14) 수진이는 "그 사람이 거기에 갔어"라고 말했다.
(15) 수진이는 그 사람이 거기에 갔다고 말했다.

(14)와 (15)는 모두 수진이의 말을 인용하고 있어요. 그런데 (14)는 수진이가 말한 대로 그대로 인용하고 있는 데 비해, (15)는 수진이가 말한 대로가 아니라 수진이의 말을 자신(말하는 사람)의 말

로 바꿔서 인용하고 있어요. (14)처럼 말한 사람이 말한 대로 그대로 인용한 문장을 **직접 인용문**이라고 합니다. 반면에 (15)처럼 말한 사람이 말한 대로가 아니라 말하는 사람의 말로 바꾸어 인용한 문장을 **간접 인용문**이라고 합니다.

이렇게 (14)와 (15)는 인용절을 안고 있습니다. 인용절을 안고 있는 문장을 **인용절을 안은 문장**이라고 합니다.

그런데 직접 인용을 할 때와 간접 인용을 할 때는 약간 다른 방법으로 문장을 만듭니다. 우선 직접 인용을 할 때는 '라고'라는 인용 부사격 조사를 쓰고 글을 쓸 때는 인용하는 내용에 따옴표를 찍어서 나타냅니다. 반면에 간접 인용을 할 때는 '고'라는 인용 부사격 조사를 쓰고 인용하는 내용에 따옴표를 찍지 않습니다.

[그림10]은 (14)와 (15)의 문장을 분석하여 앞서 설명한 내용들을 정리해 보인 것입니다.

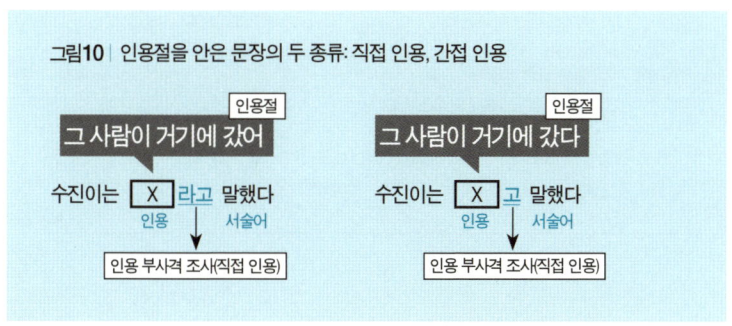

그림10 | 인용절을 안은 문장의 두 종류: 직접 인용, 간접 인용

그럼 지금까지 설명한 안은 문장의 종류를 정리해 볼까요?

[그림11]은 지금까지 이야기했던 다양한 종류의 안은 문장을 예와 함께 정리한 것입니다. 그림에 정리되어 있는 것처럼 안은 문장은, 그 안은 문장이 문장 안에서 어떤 역할을 하게 되는가에 따라서 명사절을 안은 문장, 관형절을 안은 문장, 부사절을 안은 문장, 서술절을 안은 문장, 인용절을 안은 문장으로 나뉩니다.

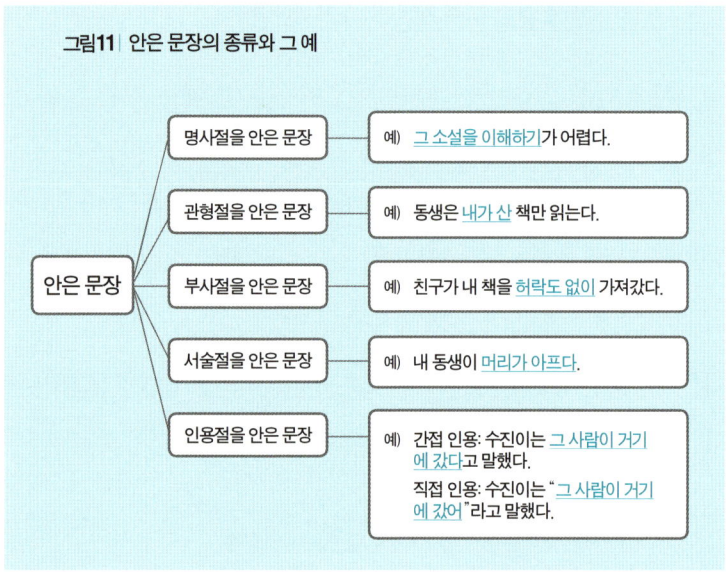

그림11 | 안은 문장의 종류와 그 예

헷갈리지 말자!

관형절의 두 가지 종류: 관계 관형절과 동격 관형절

다음 두 문장을 읽어 봅시다.

(16) 나는 <u>친구가 만든</u> 옷을 입었다.
(17) 나는 <u>친구가 간</u> 사실을 알았다.

밑줄 친 절은 모두 관형절로, 뒤따르는 명사를 꾸며 주고 있습니다. 따라서 두 문장은 모두 관형절을 안은 문장입니다. (16)번 문장은 '친구가 만든'이라는 관형절이 '옷'이라는 명사를 꾸며 주고 있고, (17)번 문장은 '친구가 간'이라는 관형절이 '사실'이라는 명사를 꾸며 주고 있죠. 명사를 꾸며 주는 관형절이 되기 위해 두 절 모두 관형사형 어미 'ㄴ'을 달고 있습니다.

그런데 잘 들여다보니 (16)과 (17)에 보인 관형절은 성격이 조금 다릅니다. (16)의 경우는 '친구가 만든'이라는 관형절 안에 이 절이 꾸미는 명사 '옷'이 생략되어 있습니다. 하지만 (17)의 경우는 '친구가 간'이라는 절 안에 이 절이 꾸미는 명사 '사실'이 생략되어 있지 않습니다.

(16)번 문장을 쪼개서 두 문장으로 만들면, '친구가 옷을 만들었다'와 '나는 (그) 옷을 입었다'가 됩니다. 두 문장 모

두에 꾸밈을 받고 있는 옷이 들어가 있죠. 반면에 (17)번 문장을 쪼개서 두 문장을 만들면, '친구가 갔다'와 '나는 (그) 사실을 알았다'가 됩니다. 이 경우에는 첫 번째 문장 안에 꾸밈을 받고 있는 '사실'이라는 명사가 들어가 있지 않습니다.

(16)에 보인 관형절처럼, 관형절 안에 꾸밈을 받는 체언과 동일한 체언이 생략되어 숨어 있는 경우를 '관계 관형절'이라고 합니다. 이와는 달리 (17)번에 보인 관형절은 관형절 안에 꾸밈을 받는 체언과 동일한 체언이 생략되어 있지 않습니다. 그리고 관형절 전체가 꾸밈을 받고 있는 체언과 동격으로서 체언의 내용을 보충해 주고 있습니다. 이러한 관형절을 '동격 관형절'이라고 합니다. (17)에서 관형절인 '친구가 간'은, 꾸며 주고 있는 체언 '사실'과 동격으로서 그 내용을 보충해 주고 있습니다.

요약 정리

- 문장은 주어와 서술어가 한 번씩만 나타나는 홑문장과 두 번 이상 나타나는 겹문장이 있습니다.

- 한 문장 안에 있는 주어와 서술어의 묶음을 '절'이라고 합니다. 그러니까 홑문장은 절이 하나인 문장을, 겹문장은 절이 2개 이상인 문장을 말합니다.

- 하나의 문장 안에 주어와 서술어를 두 번 이상 쓰면서 문장을 길게 만드는 일을 문장의 확대라고 합니다.

- 문장의 확대를 통해 우리는 조금 더 복잡한 생각을 표현할 수 있게 됩니다.

- 문장을 확대하는 방법에는 절들을 사슬 엮듯이 죽 이어서 확대하는 방법과 절을 절 안에 넣어서 확대하는 방법이 있습니다.

- 절을 사슬 엮듯이 죽 이어서 확대한 문장을 '이어진 문장'이라고 하고 절을 절 안에 넣어 확대한 문장을 '안은 문장'이라고 합니다.

- 이어진 문장은 문장을 구성하는 절들의 무게에 차이가 있는가 없는가에 따라서 '대등하게 이어진 문장'과 '종속적으로 이어진 문장'이 있습니다.

- 대등하게 이어진 문장은 절의 무게가 비슷해서 두 절의 위치를 바꾸어도 의미가 크게 달라지지 않습니다.

- 반면에 종속적으로 이어진 문장은 두 절의 무게가 서로 같지 않습니다. 한 절이 다른 한 절보다 더 무거운, 즉 더 중요한 절입니다. 한국어에서 더 중요한 절은 뒤에 나옵니다. 그래서 종속적으로 이어진 문장은 두 절의 위치를 바꾸면 원래 의도했던 것과는 다른 문장이 되어 버리거나 논리적으로 이상한 문장이 됩니다.

그림12 | 확대 방법에 따른 문장의 분류

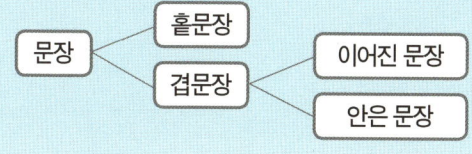

연습해 봅시다 1

- 다음 문장을 보고 문장을 절 단위로 나누세요. 그리고 문장이 어떤 방법으로 확대되었는지 살핀 후, 확대 방법에 따라 어떤 종류의 문장이라고 할 수 있는지 쓰세요.

  1) 우리 엄마는 울고 있는 동생에게 과자를 주셨다.

  2) 나는 서울을 좋아하지만 영민이는 부산을 더 좋아한다.

  3) 이 문제는 중학생이 풀기가 아주 어렵다.

  4) 내 친구는 내가 멀리 여행을 갔다는 것을 안다.

  5) 동진이 엄마가 만든 과자는 1반 친구들과 같이 먹고, 석진이 엄마가 만든 과자는 3반 친구들과 같이 먹자.

  6) 동진이가 "현진이 형이 우리 집에 온대"라고 말해서 수진이는 너무 기뻤다.

  7) 동진이 아빠는 동진이가 글재주가 있음을 안다.

● 궁금한 사항은 미다스북스 블로그 '신지영 교수의 한국어 문법 여행' 게시판에 질문해 보세요.

문장의 종결: 문장을 끝맺는 방법

5

 한국어는 다 들어봐야 알 수 있다는 말이 있어요. 사실 이 말은 조금 과장된 말이지만 일리가 있는 말입니다. 왜냐하면 한국어는 서술어가 맨 뒤에 오는 언어이기 때문이에요. 게다가 문장이 어떻게 끝나는지가 서술어의 끝 부분에서 표현됩니다. 이렇게 문장을 끝맺는 방식이 서술어의 끝에서 표현되기 때문에 한국어는 끝까지 들어봐야 안다는 말이 나오게 된 것입니다.

 예를 들어 볼게요. 만약 내가 장미꽃의 가격을 보고 비싸다는 생각이 들어서 그 사실을 다른 친구에게 알려 주고 싶다면 여러분은 다음과 같은 문장을 쓸 것입니다.

> (1) 장미꽃이 비싸다.

그런데 만약 여러분이 장미꽃의 가격을 보고 그 가격이 비싸다는 자기의 느낌을, 청자를 별로 의식하지 않거나 거의 혼잣말처럼 표현하고 싶다면 다음과 같은 문장을 쓸 것입니다.

> (2) 장미꽃이 비싸구나!

또, 만약에 여러분이 장미꽃의 가격이 비싼지가 궁금해서 친구에게 묻고 싶다면 다음과 같은 문장을 쓸 것입니다.

> (3) 장미꽃이 비싸냐?

(1)번에서 (3)번에 보인 문장은 모두 '장미꽃이 비싸-'까지는 같습니다. 앞은 모두 같은데 맨 끝에서만 차이를 보입니다. (1)번은 '-다'로 끝나고 (2)번은 '-구나'로 끝나고 (3)번은 '-냐'로 끝납니다.

'-다'로 끝나는 문장은 글을 쓴 사람이 글을 읽는 사람에게 자신이 알고 있는 사실을 전달하기 위해 쓰는 것입니다. '-구나'로 끝나는 문장은 글을 쓴 사람이 자신의 느낌을 표현하기 위해 쓰는 것입니다. 그리고 '-냐'로 끝나는 문장은 글을 쓰는 사람이 글을 읽는 사람에게 자신이 알고자 하는 것을 묻기 위해 쓰는 것입니다.

자신이 아는 사건이나 생각 등을 표현하거나 자신의 느낌을 표현하거나 자신이 알고자 하는 내용을 다른 사람들에게 물어서 답을 요구하는 것 외에도, 우리는 다른 사람에게 어떤 행동을 요구하거나 함께 어떤 행동을 하자고 권유하기 위해 말이나 글을 이용합니다.

만약 현진이가 사과를 먹는 행동을 하게 하고 싶다면 (4)번과 같은 문장을 가지고 현진이에게 말할 것입니다.

> (4) 현진아, 사과를 먹어라.

그런데 만약 현진이에게 사과를 함께 먹을 것을 권유하고자 한다면 이번에는 (5)번과 같이 말할 것입니다.

> (5) 현진아, 사과를 먹자.

이렇게 한국어에는 전형적인 기능을 수행하는 다섯 가지 종류의 문장 틀이 있습니다. 다섯 가지 종류의 문장 틀은 평서문, 감탄문, 의문문, 명령문, 청유문이고, 그 틀은 문장을 끝맺는 어미인 종결어미로 표현합니다.

평서문은 종결 어미 '-다'로, 감탄문은 종결 어미 '-구나'로, 의문문은 종결 어미 '-냐'로, 명령문은 종결 어미 '-(아/어)라'로, 청유문은 종결 어미 '-자'로 끝납니다.

그러니까 한국어는 말을 하거나 글을 쓰는 사람이 어떤 의도를 가지고 있는지가 끝에서 드러나게 되는 것이지요.

만약 화자가 청자에게 자신이 알고 있는 사실을 전달하고자 한다면 문장의 끝을 평서문을 나타내는 종결 어미 '-다'로 끝냅니다. 하지만 화자가 자신의 느낌을 전달하고자 한다면 이번에는 감탄형 종결 어미 '-구나'를 써서 문장을 끝낼 것입니다. 또, 화자가 알고자 하는 정보를 청자에게 요구하고 싶다면 의문형 종결 어미 '-냐'를 쓸 것입니다.

또, 화자가 청자에게 어떤 행동을 하게 하려고 한다면 명령형 종결 어미 '-(아/어)라'로 문장을 끝낼 것입니다. 그리고 화자가 청자에게 함께 어떤 행동을 할 것을 권유하고자 한다면 청유형 종결 어미 '-자'로 문장을 끝낼 것입니다.

형용사가 명령문이나 청유문을 만들지 못하는 이유

　단어의 세계를 여행하면서 우리는 동사와 형용사를 구분하는 방법 중 하나로 문장의 종결 방법 차이를 얘기했었어요. 동사는 평서문, 감탄문, 의문문은 물론, 명령문과 청유문도 만들 수 있지만, 형용사는 평서문, 감탄문, 의문문은 괜찮은데 명령문과 청유문을 만들면 어색합니다. 그래서 어떤 용언이 동사인지 형용사인지 알아보기 위해서는 그 용언으로 명령문과 청유문을 만들어 보면 됩니다.

　예를 들어 '먹다'는 '수진이가 사과를 먹는다', '수진이가 사과를 먹는구나', '수진이가 사과를 먹냐?'는 물론, '수진아, 사과를 먹어라', '수진아, 사과를 먹자'가 가능합니다. 그러니까 '먹다'는 동사라는 것을 알 수 있어요.

　하지만 '예쁘다'는 어떤가요? '수진이가 예쁘다', '수진이가 예쁘구나', '수진이가 예쁘냐?'는 괜찮은데, '수진아, 예뻐라', '수진아, 예쁘자'는 어색하네요. 그러니까 '예쁘다'는 형용사라는 것을 알 수 있어요.

　그런데 왜 동사는 명령문이나 청유문이 되는데 형용사는 명령문이나 청유문을 만들 수 없는 것일까요? 그건 바로 명령문과 청유문이 말하는 사람이 듣는 사람으로 하여금 동작,

즉 어떤 행동을 이끌어내기 위해 하는 말이기 때문이에요. 그런데 형용사는 '동작'을 나타내는 말이 아니라 '상태'를 나타내는 말이지요. 그러니까 당연히 그 말을 가지고는 '동작', 즉 움직임을 이끌어낼 수 없겠죠. 그러니까 어색한 것입니다.

언어에 대한 지식은 이렇게 이해하면 쉽게 알 수 있는 것들이 많습니다. 그런데 억지로 외우려고 하니까 재미도 없고 어렵기만 한 거예요. 앞으로 왜 그런지 이해하고 설명해 보려는 태도를 가지고 문법의 세계를 여행한다면 고모와의 여행이 훨씬 재밌어질 거예요.

좀 더 쉬운 예로!

동작은 동영상, 상태는 사진

　동작과 상태라는 말이 좀 어렵죠? 그럼 이렇게 생각하면 어떨까요? 동작은 동영상이고 상태는 사진이라고요. 동사로 표현된 말을 영상으로 옮긴다면 그것은 꼭 동영상이어야 합니다. 하지만 형용사로 표현된 말을 영상으로 옮긴다면 그것은 굳이 동영상일 필요가 없습니다. 사진으로도 충분하지요.

　예를 들어 '현진이가 사과를 먹는다'라는 말을 영상으로 제작한다면 사진 한 장으로는 충분하지 않습니다. 여러 장의 사진이 모여야 그 동작을 표현할 수 있으니까요. 하지만 '수진이가 예쁘다'라는 말을 영상으로 제작한다면 사진 한 장으로도 충분합니다. 사진 한 장만 보아도 수진이가 예쁜 것은 표현되니까요.

　이제 동작과 상태를 조금 더 쉽게 이해할 수 있겠죠? 사진으로도 충분하다면 형용사, 그렇지 않고 여러 장의 사진이 연결된 동영상으로 표현되어야 한다면 동사.

　그럼 '예뻐지다'는 어떨까요? 사진 한 장으로 '예뻐지다'가 표현될까요? 예뻐지는 것은 예쁘지 않은 상태에서 예쁜 상태로 변화되는 것을 의미하죠. 상태의 변화를 표현하는 말이에요. 상태의 변화도 고정된 장면이 아니라 움직이는 장면이니 동영상이 필요합니다. '예뻐지다'는 그래서 형용사가 아니라 동사입니다. 그러니까 명령문과 청유문이 모두 가능해요. '예뻐져라', '예뻐지자'처럼요.

동사인 '예뻐지다'를 가지고 표현된 명령문 '예뻐져라'는 예쁘지 않은 상태에서 예쁜 상태로 움직이라는 뜻이 되는 것입니다. 또, 청유문인 '예뻐지자'는 예쁘지 않은 상태에서 예쁜 상태로 화자와 청자가 함께 변화를 이루자는 뜻이 되는 것입니다.

자, 이제 앞으로 동사와 형용사가 나타내는 동작과 상태를 동영상과 사진에 비유하여 생각해 보세요. 훨씬 쉽게 이해될 거예요.

요약 정리

- 문장은 어떻게 끝을 맺는가에 따라서 다른 뜻(의미)과 쓰임(기능)을 갖게 됩니다.
- 한국어에는 평서문, 감탄문, 의문문, 명령문, 청유문 등 다섯 가지 종류의 문장 틀이 있습니다.
- 화자가 자신이 알고 있는 사실을 청자에게 전달하고자 할 때는 평서문을, 자신의 느낌을 전달하고자 할 때는 감탄문을, 자신이 알고자 하는 정보를 청자에게 요구할 때는 의문문을, 청자에게 어떤 행동을 하게 하려고 할 때는 명령문을, 청자에게 어떤 행동을 함께 할 것을 권유할 때는 청유문을 사용합니다.
- 그 틀은 서로 다른 종결 어미로 표현되는데, 평서문은 '-다', 감탄문은 '-구나', 의문문은 '-냐', 명령문은 '-(아/어)라', 청유문은 '-자'라는 종결 어미를 씁니다.

연습해 봅시다 1

- 다음에 보인 문장은 문장의 종결법에 따라서 어떤 종류의 문장인지 쓰세요.

1) 나는 어제 영화관에 갔지만, 너는 어제 집에 있지 않았니?

2) 밥 먹고 학교에 가라.

3) 이 영화는 관객들에게 아주 평이 좋은 영화였다.

4) 이 책 나에게 주지 않을래?

5) 조용히 책 읽자.

6) 머리띠가 아주 잘 어울리는구나!

7) 불우 이웃을 돕는 일은 얼마나 아름다운 일입니까!

● 궁금한 사항은 미다스북스 블로그 '신지영 교수의 한국어 문법 여행' 게시판에 질문해 보세요.

시제 표현

6

지금 현재 일어나고 있는 일도 있지만 이미 몇 시간 전에 일어난 일도 있지요. 뿐만 아니라 아직 일어나지 않고 몇 시간 후에 일어날 일도 있어요.

'사과를 먹-'는 일을 예로 들어 생각해 봅시다.

만약에 '사과를 먹-'는 일이 이미 세 시간 전에 있었던 일인데, 지금 여러분이 그 일에 대해 친구에게 이야기한다고 생각해 봐요. 그럼 여러분은 그 일에 대해 어떻게 말할까요? 아마 (1)과 같이 표현할 거예요.

(1) (세 시간 전에) **사과를 먹었다.**

이 말을 들으면 여러분은 '아, 이 사람이 지금 이야기를 하고 있지만, 사과를 먹은 때는 말하는 지금보다 앞선 시간이구나' 하고 생각할 것입니다.

하지만 사과를 먹는 일이 지금 일어나고 있다면 여러분은 어떻게 표현할까요? 아마 여러분은 (2)와 같이 표현할 거예요.

> (2) (지금) **사과를 먹는다.**

이 말을 들으면 여러분은 '아, 이 사람이 말하고 있는 지금, 사과를 먹는 일도 일어나고 있구나' 하고 생각할 것입니다.

그렇다면 사과를 먹는 일이 만약 세 시간 후에 일어날 일이라면 어떨까요? 아마 여러분은 이것을 표현하기 위해 (3)과 같이 말할 거예요.

> (3) (세 시간 후에) **사과를 먹겠다.**

이 말을 들으면 여러분은 '아, 이 사람이 지금 말을 하고 있지만, 사과를 먹는 일은 말하는 때보다 뒤에 일어나겠구나. 아직 사과를 먹지 않았구나' 하고 생각할 것입니다.

이 세 표현을 비교해 보세요. '사과를 먹-'까지는 모두 똑같아요. 그런데 말하는 때 이전에 일어난 일을 표현할 때는 '-었다'가, 말하는 때와 같은 때 일어난 일을 표현할 때는 '-는다'가, 말하는 때 이후에 일어날 일을 표현할 때는 '-겠다'가 쓰이고 있습니다. 서로 다른 어미가 사용되고 있습니다. (4)에 보인 것처럼요.

> (4) 사과를 먹-었다.
>   는다.
>   겠다.

그런데 어미인 '-었다', '-는다', '-겠다' 중에 문장의 끝에 쓰인 '-다'는 앞에서 살펴보았듯이 문장이 평서문으로 끝난다는 것을 알려 주는 종결 어미입니다. 세 문장 모두 화자가 알고 있는 정보를 청자에게 전달하기 위해 사용된 문장, 즉 평서문이기 때문에 모두 평서문의 종결 어미인 '-다'가 공통적으로 사용되고 있습니다. 그러니까 실제로 서로 다른 부분은 '사과를 먹__다' 사이에 놓인 선어말 어미라는 것을 알 수 있습니다.

어간 '먹-'과 종결 어미 '-다' 사이에 과거에 일어난 일을 말할 때는 '-었-'을, 현재 일어나고 있는 일을 말할 때는 '-는-'을, 앞으로 일어날 일을 말할 때는 '-겠-'을 넣어 사용합니다.

그러니까 '-었-'을 쓰느냐, '-는-'을 쓰느냐, '-겠-'을 쓰느냐에 따라서 그 일이 언제 일어난 것인지, 말하고 있는 시점과 비교하여 그 일이 일어난 시점이 언제인지를 표현할 수 있게 되는 것입니다.

여기서 **시점**(時點)이라는 말은 **시간의 흐름 가운데 어느 한 순간을**

의미합니다. 그러니까 말하고 있는 시점이란 말하고 있는 순간을, 일이 일어난 시점이란 그 일이 일어난 순간을 의미한다고 생각하면 됩니다. 그냥, 말하는 때와 일이 일어난 때라고 생각하면 쉽습니다.

(1)번 문장은 말을 하고 있는 시점(때)보다 '사과를 먹'은 일이 일어난 시점(때)이 먼저입니다. 말하는 시점보다 3시간 전에 '사과를 먹'은 일이 일어난 것입니다. 말하는 시점에 앞서 일어난 일을 표현하기 위해 우리는 과거 시제를 씁니다. 그리고 그 과거 시제는 어간과 종결 어미 사이에 과거 시제를 표현하는 어미 '-었-'을 써서 표현합니다.

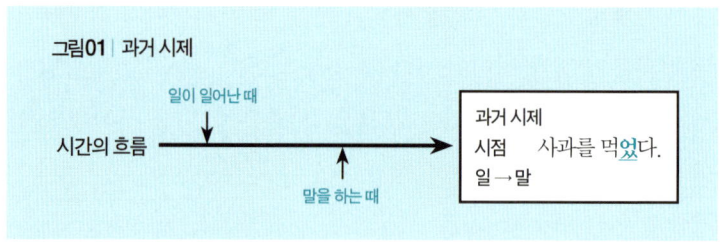

(2)번 문장은 말을 하고 있는 시점과 '사과를 먹'은 일이 일어난 시점이 같습니다. 말하는 시점에 사과를 먹는 일이 일어나고 있는 것이지요. 말하는 시점에 일어나고 있는 일을 표현하기 위해 우리는 현재 시제를 씁니다. 그리고 그 현재 시제는 동사 어간과 종결 어미 사이에 현재 시제를 표현하는 어미 '-는-'을 써서 표현합니다.

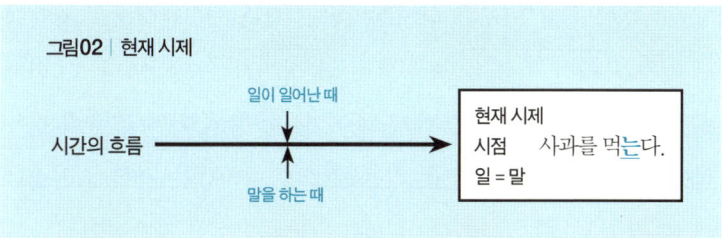

(3)번 문장은 말하는 시점보다 뒤에 '사과를 먹'는 일이 일어납니다. 말하는 시점보다 3시간 후에 '사과를 먹'는 일이 일어나게 됩니다. 말하는 시점보다 뒤에 일어날 일을 표현하기 위해 우리는 미래 시제를 씁니다. 미래 시제는 어간과 종결 어미 사이에 미래 시제를 표현하는 어미 '-겠-'을 써서 표현합니다.

미래 시제는 '-겠-'도 쓰이지만 어간에 'ㄹ 것이다'를 붙여서 표현하는 일이 많습니다. 그래서 '(3시간 후에) 사과를 먹겠다'도 미래 시제를 표현하지만, '(3시간 후에) 사과를 먹을 것이다'도 미래 시제를 표현합니다.

미래 시제는 '추측'의 의미가 강합니다. 미래에 일어날 일이기 때문에 추측의 의미를 갖게 되는 거죠.

미래 시제는 추측의 의미와 함께 주어의 '의지'도 나타냅니다. 아직 일어난 일이 아닌데 일어날 일로 얘기하니까 '의지'가 담기게 되는 것입니다. 그래서 의지가 담긴 경우, 미래에 꼭 그 일이 일어날 수 있도록 그렇게 하겠다는 의미가 나타나게 되는 거죠. 특히 주어가 1인칭일 때 의지가 강하게 담깁니다.

'-ㄹ 것이다'도 의지를 나타내지만 '-겠-'으로 표현하는 것보다는 의지가 약간 약해지면서 '추측'의 의미가 드러납니다. (5)번에 보인 것처럼 말이에요. 그래서 주어가 1인칭이 아닌 경우에는 '-겠-'으로 미래를 나타내기보다는 추측을 나타내는 경향이 있습니다. 이 경우 미래는 '-ㄹ 것이다'로 나타내는 것이 일반적이죠.

(5) ㄱ. 나는 내일 사과를 먹겠다.
    ㄴ. 나는 내일 사과를 먹을 것이다.
    ㄷ. 영희는 내일 사과를 먹을 것이다.

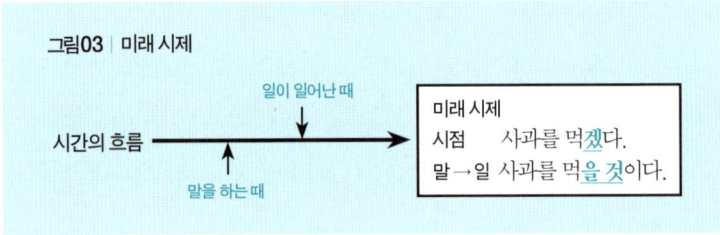

그림03 | 미래 시제

시제를 표현하는 어미 '-었-', '-는-', '-겠-'은 모두 어미라서 어간 다음에 나타납니다. 그런데 앞에서 살펴보았던 종결 어미나 연결 어미와는 달리 종결 어미나 연결 어미 앞에 나타납니다. 즉, 어간과 종결 어미 사이에 나타나는 어미인 것이죠.

어미(語尾)는 '말씀 어(語)'에 '꼬리 미(尾)'자를 씁니다. 말(단어)의 꼬리가 되는 부분이라는 뜻입니다. 어미는 단어의 끝부분에 나타나기 때문에 단어의 꼬리라는 뜻의 이름을 갖는 것이죠.

어미 가운데서도 종결 어미나 연결 어미는 단어의 끝에 나타납니다. 그래서 단어의 끝에 나타나는 어미라는 뜻에서 어말 어미라고 부릅니다. 어말(語末)이란 '말씀 어(語)'에 '끝 말(末)', 즉 단어 끝이라는 뜻입니다.

하지만 어미 중에는 어말 어미 앞에 나타나는 어미들이 있습니다. 이런 어미들을 **선어말 어미**라고 합니다. 선어말이란 어말(語末)의 앞(先, 앞 선)이라는 뜻이에요. 즉, 어말 어미 앞에 나타나는 어미라는 뜻에서 선어말 어미라는 이름을 갖는 것이죠.

이렇게 한국어에는 사건이 일어난 시점이 말하는 시점과 어떤 관계가 있는가를 표현하기 위해 시제를 나타내는 선어말 어미를 주로 사용합니다.

안긴 문장이 관형사절일 때 어떤 관형형 어미를 쓸 것인가에 따라서도 시제가 드러납니다.

(6)에 보인 문장을 보아요.

(6)　ㄱ. 먹은 밥, 간(가+ㄴ) 곳
　　　ㄴ. 먹는 밥, 가는(가+는) 곳
　　　ㄷ. 먹을 밥, 갈(가+ㄹ) 곳

(6)번 문장에서 보듯이 관형형 어미 '-은/ㄴ'은 과거 시제를 나타냅니다. 반면에 관형형 어미 '-는'은 현재 시제를, 그리고 관형형 어미 '-을/ㄹ'은 미래 시제를 나타냅니다.

2편 문장의 세계　　　　　　　　　　　　　　　　　　　215

형용사의 시제

동사의 현재 시제는 어간에 선어말 어미 '-는/ㄴ-'을 붙여서 표현합니다. 예를 들어 '나는 밥을 먹는다, 나는 산에 간다'처럼요. 하지만 형용사의 경우는 선어말 어미 없이 기본형 그 자체로 현재 시제를 나타냅니다.

형용사의 예를 살펴봐요. '수진이는 예쁘다'라는 문장은 그 자체로 현재 시제를 나타냅니다. 이 문장의 과거 시제는 '수진이는 예뻤다'가 됩니다. 한편, 미래 시제는 '수진이는 (내일 더) 예쁠 것이다'로 표현되는 것이 일반적입니다. '수진이는 예쁘겠다'와 같이 선어말 어미 '-겠-'이 쓰이면 미래 시제의 의미보다는 추측의 의미가 강합니다.

시제와 상

다음 문장을 함께 읽어 보아요.

(7) ㄱ. 현진이가 학교에 가게 되었다.
ㄴ. 현진이가 학교에 가기 시작했다.
ㄷ. 현진이가 학교에 가고 있었다.
ㄹ. 현진이가 학교에 가 버렸다.

(7)번에 보인 네 문장은 '현진이가 학교에 가-'까지 모두 똑같습니다. 그리고 시제는 모두 과거입니다. 그런데 ㄱ)은 '-게 되-', ㄴ)은 '-기 시작하-', ㄷ)은 '-고 있-', ㄹ)은 '-아 버리-'와 같이 다양한 보조 용언이 연결되면서 조금씩 다른 동작의 양상을 보입니다. 이를 문법 범주로는 '상(相)'이라고 합니다. 동작의 다양한 양상(모양이나 상태), 즉 동작이 일어나는 다양한 모습을 표현하기 위한 문법적 장치가 바로 '상'입니다.

(7)번에 보인 문장을 하나하나 좀 더 자세히 알아봅시다.
ㄱ)은 '-게 되-'를 통해 '현진이가 학교에 가-'는 동작이 예정되어 있다는 뜻을 줍니다. 그래서 '현진이가 학교에 갔

다'와는 달리 그 동작이 예정되어 있음을 의미하게 됩니다. 그래서 이 문장은 보조 용언을 통해 '예정상'이 드러납니다. '예정되어 있는 동작의 양상'을 표현합니다.

ㄴ)은 '현진이가 학교에 가-'는 동작이 시작되고 있다는 뜻을 줍니다. 그래서 이 문장은 '-기 시작하-'를 통해 '기동상'이 드러납니다. 기동(起動)이란 '起 일어날 기', '動 움직일 동', 즉 움직임이 일어난다는 뜻입니다. 기동상을 통해 우리는 동작이 시작되고 있는 양상을 표현할 수 있습니다.

ㄷ)은 '현진이가 학교에 가-'는 동작이 해당 시점(현재는 과거)에 진행되고 있었음을 의미합니다. 그래서 이 문장은 보조 용언을 통해 '진행상'이 드러납니다. 해당 동작이 해당 시점에 '진행되고 있는 양상'을 표현합니다.

ㄹ)은 '현진이가 학교에 가-' 뒤로 '-아 버리-'가 연결되면서 해당 동작이 끝났음(완료되었음)을 나타냅니다. 보조 용언을 통해 '완료상'이 드러납니다.

이렇게 동일한 시제를 가진 문장이지만 '상'이라는 문법적 장치를 통해 다양한 동작의 양상을 표현함으로써 우리가 표현하고자 하는 내용을 더 섬세하게 표현할 수 있게 되는 것입니다.

양태: 말하는 내용에 대한 화자의 태도

다음 문장을 읽어 봅시다.

(8) 현진이가 사과를 먹었겠다.

(8)번 문장은 시제를 나타내는 선어말 어미라고 했던 '-었-'과 '-겠-'이 함께 쓰이고 있습니다. 앞에서 '-었-'은 과거 시제를 나타내고 '-겠-'은 미래 시제를 나타낸다고 했습니다. 그런데 어떻게 이 둘이 같이 쓰인 것일까요?

이것을 고민하기 전에 우선 (8)번 문장을 읽고 '현진이가 사과를 먹-'은 일이 언제 일어난 일인지부터 생각해 봅시다. 과거인가요, 아니면 미래인가요? 네, 맞습니다. 과거에 일어난 일입니다.

결국, 우리는 (8)번 문장에서 '-었-'은 '현진이가 사과를 먹-'는 일이 언제 일어난 일인지를 표현한다는 것을 알 수 있습니다. 그럼 '-겠-'이 쓰임으로써 어떤 의미가 생기는지 이 문장을 '현진이가 사과를 먹었다'와 비교해 봅시다. '현진이가 사과를 먹었다'는 현진이가 사과를 먹은 일이 과거에 일어났음을 단순히 알려 줍니다. 그런데 '현진이가 사과를 먹었겠다'는 '-겠-'을 통해 현진이가 사과를 먹은 일이 과거에 일어났을 거라고, 현재 말하는 사람이 추측하고 있음을 드러냅니다. 그러니까 (8)번 문장에서 '-겠-'은 시제가 아니라 말하는 내용에 대해 말하는 사람이 주관적으로 어떠한 태도를 취하고 있는가를 보여주고 있습니다.

말하는 내용에 대한 말하는 사람의 태도를 드러내는 언어 표현을 '양태'라고 합니다. 양태란 '모양과 태도'를 말합니다. 말하는 사람이 말하는 내용에 대해 어떠한 심리적인 태도를 갖는지를 나타내는 것이지요. (8)번 문장에서 말하는 사람은 '현진이가 학교에 간' 일이 과거에 일어난 일이고, 그 과거에 일어난 일에 대해 추측을 하고 있음을 '-겠-'을 통해 드러냅니다. 즉, (8)번은 추측의 양태를 가진 문장이라고 할 수 있습니다.

우리는 양태를 통해 말하는 사람이 말하는 내용에 대해 어떤 태도를 취하고 있는지를 알 수 있기 때문에 말하는 내용에도 민감하지만 말하는 태도에도 아주 민감하게 반응하지요. '현진이가 사과를 먹었다'라고 말하면 말하는 사람이 '현진이가 사과를 먹은' 것에 대해 확신하는구나 생각합니다. 하지만 '현진이가 사과를 먹었겠다'라고 말하면 우리는 말하는 사람이 '현진이가 사과를 먹는' 것을 직접 본 것이 아니라 추측하고 있구나 생각하게 됩니다.

양태는 선어말 어미에 의해서 표현되기도 하지만, '물이나 마셔라'에서처럼 조사에 의해서도, '아마도 갔을 거야'에서처럼 부사에 의해서도, '비가 올 모양이네'에서처럼 명사+서술격 조사에 의해서도 표현됩니다. 이 외에도 한국어에는 다양한 양태 표현이 있습니다.

이 양태 표현은 말하는 사람이 말하는 내용에 대해 어떤 태도를 취하고 있는지를 나타내기 때문에 섬세하게 살필 필요가 있습니다. 다른 사람의 말이나 글을 이해할 때는 말하는 사람이나 글을 쓰는 사람의 태도를 파악하는 데 중요한 단서가 됩니다. 또 말을 하거나 글을 쓸 때는 듣거나 읽는 사람에게 나의 태도를 드러내게 됩니다. 그래서 부적절한 양태 표현을 하게 되면 말을 듣는 사람이나 글을 읽는 사람이 내 의도와는 달리 불편한 느낌을 받을 수도 있습니다.

요약 정리

- 시간 선상에서 언제 일어난 일인지를 표현하는 문법적인 범주를 '시제'라고 합니다.

- 똑같은 일이라도 그 일이 일어난 때가 언제인지에 따라서 우리는 다른 표현을 사용합니다.

- 말하는 때보다 앞서서 일어난 일은 과거 시제인 선어말 어미 '-었-'을 씁니다.

- 말하는 때와 같은 때 일어나고 있는 일은 현재 시제인 선어말 어미 '-는-'을 씁니다.

- 말하는 때보다 뒤에 일어날 일은 미래 시제인 선어말 어미 '-겠-'을 씁니다.

- 관형사절을 만드는 관형형 어미도 시제를 드러내는데, 관형형 어미 '-은/ㄴ'은 과거 시제를, 관형형 어미 '-는'은 현재 시제를, 그리고 관형형 어미 '-을/ㄹ'은 미래 시제를 나타냅니다.

연습해 봅시다 1

- 다음에 보인 문장을, 시간을 나타내는 부사를 이용하여 과거, 현재, 미래 시제의 문장으로 만들어 보세요.

1) 현진이는 고모에게 꽃을 드리-
   (어제, 지금, 내일)

2) 이 꽃이 예쁘-
   (어제, 지금, 내일)

3) 수진이가 부산에 가-
   (어제, 지금, 내일)

4) 동진이는 눈썰매를 타-
   (어제, 지금, 내일)

5) 나는 학교에 가-
   (어제, 지금, 내일)

● 궁금한 사항은 미다스북스 블로그 '신지영 교수의 한국어 문법 여행' 게시판에 질문해 보세요.

높임 표현

7

❶ 공손한 표현 만들기

다음 (1)에서 (4)에 보인 문장을 읽어 보세요. 뭔가 아주 어색한 문장이라는 생각이 들지요? 어색할 뿐만 아니라 아마 여러분이 어른들 앞에서 이런 말을 한다면 꾸중을 들을 겁니다. 버릇이 없는 사람이라고요.

> (1) 할아버지가 우리 집에 온다.
> (2) 선생님, 책을 상자에 넣었어.
> (3) 할아버지, 밥 먹어요.
> (4) 이 책 할아버지에게 드려라.

그리고 어른들은 그렇게 말하지 말고 다음처럼 말하라고 가르쳐 주실 겁니다. 그래야 공손한 사람이 된다고요.

(5) 할아버지께서 우리 집에 오신다.
(6) 선생님, 책을 상자에 넣었어요.
(7) 할아버지, 진지 드세요.
(8) 이 책 할아버지께 드려라.

버릇없는 (1)번 문장을 공손한 (5)번 문장과 비교해 봐요.

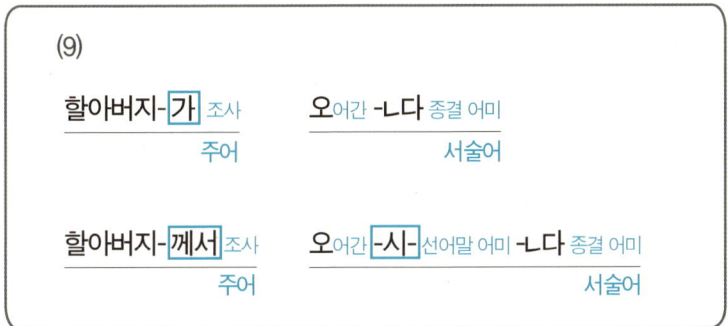

(9)번에 보인 것처럼 버릇없는 문장은 공손한 문장과 두 가지가 다릅니다. 첫째, 버릇없는 문장에는 주어에 붙는 주격 조사가 '가' 인데, 공손한 문장에는 주격 조사가 '께서'입니다. 둘째, 버릇없는 문장에는 서술어에 선어말 어미 '-시-'가 없는데, 공손한 문장에는 서술어에 선어말 어미 '-시-'가 있습니다.

다음은 (2)번과 (6)번을 비교해 볼까요?

(10)

선생님, 책을 상자에 넣었어.
선생님, 책을 상자에 넣었어요.

(10)에서 버릇없는 문장은 공손한 문장과 딱 한 가지만 다릅니다. 버릇없는 문장은 종결어미 '-어'로 문장이 그냥 끝났는데, 공손한 문장은 종결 어미 '-어'에 조사 '요'를 붙여 끝내고 있습니다.

다음은 버릇없는 (3)번 문장을 공손한 (7)번 문장과 비교해 봐요.

(11)

할아버지, 밥 먹어요.
할아버지, 진지 드세요.

(3)번 문장은 '-어요'를 썼는데도 버릇없는 문장이 되었어요. (11)에 보인 버릇없는 문장과 공손한 문장은 두 가지가 다릅니다. 버릇없는 문장의 '밥'이 공손한 문장에서는 '진지'로 바뀌어 있고, 버릇없는 문장의 '먹다'는 공손한 문장에서 '드시다'가 되어 있어요. 즉, 조사나 어미를 바꾸는 것은 기본이고 명사와 동사 자체를 다른 것으로 바꿔야만 하는 경우도 있는 것입니다. 어른들에게는 '밥'이 아니라 '진지'를, '먹다'가 아니라 '드시다'를 써야 합니다.

끝으로 버릇없는 (4)번 문장과 공손한 (8)번 문장을 비교해 봅시다.

> (12)
>
> 이 책을 할아버지 에게 드려라.
> 이 책을 할아버지 께 드려라.

(12)에 보인 것처럼 (4)번 문장은 '주다' 대신에 '드리다'를 썼는데도 공손한 표현이 되지 못했습니다. 이유는 드리는 대상이 '할아버지'이기 때문입니다. '할아버지'처럼 드리는 대상(객체)이 나보다 윗사람이라면 '에게'라는 조사 대신에 '께'라는 조사를 써야 합니다. 마치 주어가 나보다 윗사람이면 '이/가'라는 주격 조사 대신에 '께서'라는 주격 조사를 써야 하는 것처럼요.

요약해 보면, 공손한 표현이 되기 위해서는 조사, 어미, 단어에 신경을 써야 합니다.

❷ 듣기만 해도 알아요!

다음 (13)에 보인 대화를 함께 읽어 봅시다.

> (13) 손하늬: 뭐 하니?
> 김영식: 친구 만나고 있습니다.

여러분은 '손하늬'라는 사람과 '김영식'이라는 사람을 전혀 몰라도 말만 듣고 다음 문제를 풀 수 있습니다.

> (문제)
> 손하늬와 김영식의 대화를 통해 알 수 있는 것은 무엇입니까?
> ① 손하늬와 김영식의 친구다.
> ② 손하늬는 김영식의 조카다.
> ③ 손하늬는 김영식의 딸이다.
> ④ 손하늬는 김영식의 선생님이다.

너무 쉬운 문제죠. 물론, 답은 ④번입니다. 그런데 우리는 이 문제를 어떻게 풀었을까요? 어떻게 두 사람의 이 짧은 대화를 듣고 두 사람의 관계를 알 수 있는 것일까요?

한국어는 높임 표현이 발달된 언어입니다. 그래서 우리는 말을 듣고 두 사람의 관계를 알 수 있었던 것입니다.

(13)번 문장에서 손하늬는 김영식에게 '뭐 하니?'라고 묻고 있어요. 의문문으로 문장을 끝맺고 있는데 의문의 종결 어미로 '-니'를 쓰고 있습니다. 그런데 김영식은 손하늬에게 '친구 만나고 있습니다'라고 대답하면서 평서의 종결 어미 '-습니다'를 쓰고 있어요.

의문의 종결 어미 '-니'는 나와 같거나 아랫사람에게 사용하는 종결 어미입니다. 그리고 평서의 종결 어미 '-습니다'는 나보다 윗사람에게 사용하는 종결 어미입니다.

똑같은 의문문이지만 '뭐 하십니까?'와 같이 어미 '-ㅂ니까'를 쓰면 우리는 말하는 사람이 듣는 사람보다 아랫사람이구나를 알 수 있지요.

또, 똑같은 평서문이지만 '친구 만나고 있어'와 같이 어미 '-어'를 쓰면 우리는 말하는 사람이 듣는 사람과 같거나 윗사람이구나를 알 수 있습니다.

이렇게 한국어는 높임 표현이 다양하게 발달되어 있습니다. 그럼 이제 차근차근 한국어의 높임 표현에 대해 알아보겠습니다.

❸ 높임법

한국어의 높임법은 세 가지로 구성되어 있습니다. 주체 높임법(주체 존대), 객체 높임법(객체 존대), 상대 높임법(상대 존대)이 그것입니다.

Ⅰ 주체 높임법

주체 높임법이란 문장의 주체가 되는 요소, 즉 주어(문장에서 주인이 되는 말)가 되는 요소를 높이는 문법적인 방법을 말합니다. 주어가 말하는 사람보다 윗사람이라고 생각되는 경우 높임 표현을 쓰지요.

주어를 높이는 방법은 두 가지가 있습니다. 주격 조사 '이/가'를 '께서'로 바꿔 주는 방법과 서술어에 선어말 어미 '-시-'를 붙여 주는 방법이지요.

(14)번과 (15)번에 있는 문장을 비교해 봐요.

> (14) 영희가 학교에 간다.
> (15) 선생님께서 학교에 가신다.

(14)번에 있는 문장은 주어가 '영희'입니다. 영희는 말하는 사람과 같거나 아랫사람입니다. 그래서 특별히 주어를 존대할(높일) 필요가 없습니다. 존댓말을 쓸 대상이 아닌 것이죠. 그래서 그냥 '영희가 학교에 간다'가 되는 것입니다.

그런데 (15)번처럼 주어가 '선생님'이 된다면 이야기가 달라지죠. '선생님'은 나(말하는 사람)보다 윗사람입니다. 그래서 그냥 '선생님이 학교에 간다'고 말하면 안 됩니다. 그럼 버릇없는 학생이 됩니다. 윗사람에게는 존댓말을 써야죠.

주어가 윗사람이라면 주격조사 '이/가'를 '께서'로 바꾸고 서술어에 '-시-'를 붙여야 한다고 했으니 '선생님이 학교에 간다'는 '선생님께서 학교에 가신다'가 되어야 공손한 표현이 됩니다.

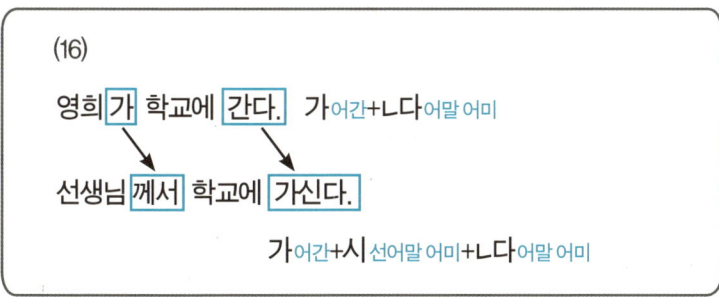

Ⅱ 객체 높임법

객체란 문장 안에서 목적어나 부사어로 쓰이는 요소를 말합니다. 그러니까 객체 높임법이란 목적어나 부사어로 쓰이는 사람이나 사물이 높임의 대상이 되는지 아닌지를 가려서 표현하는 것을 말합니다.

(17)과 (18)번 문장을 비교해 봐요.

> (17) 현진이가 수진이에게 빵을 주었다.
> (18) 현진이가 할아버지께 빵을 드렸다.

(17)에 보인 것처럼 현진이가 빵을 주는 대상이 동생인 수진이라면 '에게'라는 일반적인 조사를 사용해도 됩니다. 하지만 대상이 할아버지인 경우에는 '에게' 대신에 '께'라는 조사를 사용해야 공손한 표현이 됩니다. 아울러 대상이 할아버지인 경우에는 '주다'라는 단어 대신 '드리다'라는 단어를 사용해야 공손한 표현이 됩니다.

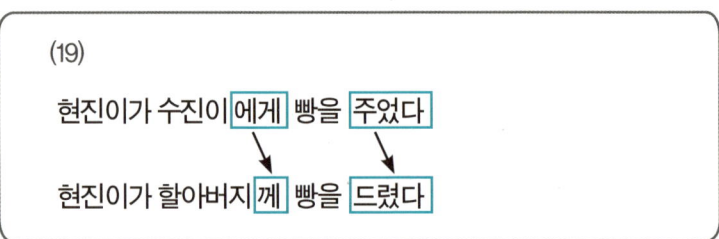

　이렇게 객체 높임법은 부사격 조사 '에게'를 '께'로 바꾸어 주고 높임의 대상이 목적어나 부사어에 오게 되면 서술어를 적절히 바꾸어 줌으로써 표현됩니다. '주다'는 '드리다'가 되고, '묻다'는 '여쭈다'가 되고 '보다'는 '뵙다'가 됩니다.

Ⅲ 상대 높임법

　만약 현진이가 고모에게 "영희가 학교에 간다"라고 말한다면 어떨까요? 그럼 현진이는 현진이 엄마에게 혼나요. 버릇없는 아이라고요. 왜 그럴까요? 주어는 영희라서 높일 필요가 없는데 엄마는 왜 현진이를 버릇없는 아이라고 혼낼까요?

　그렇죠. 현진이가 지금 말을 하고 있는 대상이 고모이기 때문입니다. 고모는 현진이보다 윗사람이죠. 현진이가 말하는 대상이 고모라면 말하는 대상에 맞게 존댓말을 써야 합니다. 현진이가 친구에게 말한다면 존댓말을 쓸 필요가 없겠지만, 현진이가 어른들과 말한다면 존댓말을 써야 합니다.

　그러니까 내 말을 누가 듣는가에 따라서 말을 달리 해야 합니다.

그래야 버릇없는 아이가 되지 않아요. 내 말을 듣는 사람이 나와 같거나 아랫사람이라면 존댓말을 쓸 필요가 없어요. 그렇지만 내 말을 듣는 사람이 나보다 윗사람이라면 꼭 존댓말을 써야 합니다.

듣는 사람이 누구냐에 따라서 말이 달라지기 때문에 이러한 높임법을 상대 높임법(상대 존대)이라고 합니다. 상대 높임법이란 말을 듣는 대상을 높이거나 낮추는 방법을 말합니다. 말하는 사람과 듣는 사람의 관계에 따라서 적절하게 말을 높이거나 말을 낮추는 방법을 말하죠.

상대 높임법은 모두 6가지 종류가 있습니다. 그런데 이 가운데 네 가지는 격식적인 장면에서 쓰이고, 두 가지는 비격식적인 장면에서 쓰입니다. 격식적인 장면에서 쓰이는 네 가지 높임의 단계는 아주 높임, 예사 높임, 예사 낮춤, 아주 낮춤입니다. 그리고 비격식적인 장면에서 쓰이는 두 가지 높임의 단계는 두루 높임과 두루 낮춤입니다. 격식적이니까 단계가 많고 비격식적이니까 단계가 적은 것이지요.

상대 높임의 등급을 정리하면 다음 표에 보인 것과 같습니다.

표 | 상대 높임의 등급

	높임 표현		낮춤 표현	
격식	아주 높임	하십시오체	예사 낮춤	하게체
	예사 높임	하오체	아주 낮춤	해라체
비격식	두루 높임	해요체	두루 낮춤	해체

상대 높임의 등급은 명령문을 기준으로 표현해요. 그래서 격식체의 네 등급을 높임의 순으로 '하십시오체', '하오체', '하게체', '해라체' 등과 같이 표현합니다. 비격식체의 두 등급도 높임의 순으로 '해요체'와 '해체'라고 합니다.

상대 높임은 듣는 사람을 높이거나 낮추는 것이기 때문에 주의해서 사용해야 해요. 상대 높임을 잘못 쓰면 듣는 사람을 불쾌하게 만들어 큰 문제가 생길 수 있습니다. 그래서 상대 높임은 아주 중요합니다.

| 고모와 대화하면 쉬워져요 |

격식과 비격식

> 고모, 고모의 설명을 들으니 갑자기 말하는 데 자신이 없어졌어요. 예의 바른 사람이 되고 싶은데 높임법이 복잡해서 저도 모르게 버릇없이 말하는 사람이 되면 어떻게 하나 걱정이 돼요.
> 격식, 비격식에 따라서도 말을 달리해야 한다고 하셨는데 지금 말하고 있는 장면이 격식적인 장면인지 비격식적인 장면인지 어떻게 알 수 있어요? 듣는 사람이 저보다 윗사람인지 아랫사람인지는 구분할 수 있을 것 같은데, 말하는 장면이 격식인지 비격식인지는 어떻게 구분할 수 있는지 잘 모르겠어요. 일단 '격식', '비격식'이라는 말 자체도 너무 어려워요.

— 궁금한 현진이

> '격식', '비격식'이라는 말이 너무 어렵구나. 그럼 좀 쉽게 설명해 줄게. 격식이란 '갖추는 것'을 말해. 비격식이란 격식적인 것에 비해 '덜 갖추는 것' 혹은 '갖추지 않는 것'을 말하지. 옷을 입을 때와 똑같이 말을 할 때도 격식과 비격식을 따진단다.
> 격식적인 자리에서는 조금 불편해도 옷을 갖추어 입는 것처럼 말도 갖추어 해야 하거든. 그래서 격식적인 장면에 쓰이는 말은 상대 높임의 단계가 네 가지 단계나 있는 거야. 그에 비해 비격식적인 장면은 편하게 두 단계만 가려서 하는 거야. 마치 옷을 갖추어 입지 않고 그냥 편한 옷을 입는 것처럼 말도 편하게 하는 거지. 그래서 비격식적인 장면에서는 높임말

— 친절한 고모

을 쓸 건가, 반말을 쓸 건가만 결정하면 돼.
  말을 하는 장면이 격식적인지 비격식적인지 알아보는 방법은 아주 간단해. 현진이가 지금 말하는 장면에서 조금 장난을 쳐도 괜찮은지 아닌지를 생각하면 돼. 장난을 조금이라도 치면 절대 안 될 것 같은 장면이 격식적인 장면이고, 장난을 조금 쳐도 괜찮을 것 같은 장면이 비격식적인 장면이야. 이제 좀 이해가 되니?

고모와
대화하면
쉬워져요

이상한 높임 표현들

고모 어제 엄마하고 백화점에 갔어요. 그런데 점원 누나가 엄마에게 하는 말이 너무 어색했어요.

"손님, 이 물건은 신상품이시고, 가격은 3만 원이세요. 제가 아시는 분이 이 물건을 어제 샀어요. 그런데 아주 만족스러워 하셨어요."

우선 '이 물건은'과 '가격은'은 높임의 대상이 아닌데 '신상품이시고'와 '3만 원이세요'라 했어요. 그리고 '제가 아시는 분'도 좀 이상해요. '제'가 주어인데 자신을 높여서 '아시는'이라고 했어요. 그리고 '아는 분'은 높임의 대상이라 '분'을 써 놓고 '샀어요'라고만 하고 오히려 '시' 붙이지 않았어요.

점원 누나가 이렇게 말을 했어야 하지 않나요?

"손님, 이 물건은 신상품이고, 가격은 3만 원이에요. 제가 아는 분이 이 물건을 어제 사셨어요. 그런데 아주 만족스러워 하셨어요."

궁금한
현진이

맞아, 현진아. 점원 누나가 좀 과하게 존댓말을 쓰려다가 많은 실수를 한 것 같다. 그런데 요즘 이런 이상한 표현이 많이 쓰이고 있어. 물건이 주어인데도 막 '-시-'를 많이 쓰고 자기가 아는 사람인데 자기를 막 높여서 '제가 아시는 분'이라는 말을 쓰기도 하지. 그리고는 정작 '-시-'를 써야 할 곳에는 '-시-'를 쓰지 않고 말이야.

친절한
고모

그런데 이렇게 틀리게 쓰는 데에도 이유는 있단다. '-시-'가

2편 문장의 세계   237

사실은 주체 높임인데 듣는 사람을 높이는 '상대 높임'이라고 잘못 생각해서 그러는 거야. 가장 신경을 써야 하는 높임의 대상이 듣는 사람이라고 생각하니까 안전 장치를 많이 만들고 싶은 거야. 안 쓰는 것보다 과하게 쓰는 게 나을 것 같다고 생각해서 '-시-'를 아무 데나 막 붙이게 된 거지.

그러다 보니까 '-시-'가 주체 높임을 넘어서 상대 높임의 역할까지도 하게 되는 상황에 온 거지. 점원 누나가 한 말은 분명히 틀린 말이지만, 이런 말이 많이 들리는 건 그만큼 효과가 있기 때문이야. 괜히 '-시-'를 안 써서 문제를 일으키느니 '-시-'를 부적절하게라도 많이 쓰는 게 듣는 사람인 손님에게 공손해 보일 테니까 말이야.

현진이가 고모와 문법 여행을 시작한 후로 말과 글에 아주 예민해졌구나. 말과 글에 예민한 것은 아주 좋은 일이야. 남의 말에만 예민해지는 게 아니라 자기가 하는 말에도 예민해지게 되거든. 이렇게 자기 말에 민감해지게 되면 듣는 사람을 배려하는 말하기를 하게 될 테니까 말이야.

 요약 정리

- 한국어는 높임 표현이 발달되어 있습니다. 그래서 말하는 것을 들으면 말하는 사람과 듣는 사람 사이의 관계가 보입니다.

- 한국어의 높임법은 주체 높임법(주체 존대), 객체 높임법(객체 존대), 상대 높임법(상대 존대)으로 구성되어 있습니다.

- 주체 높임법은 문장의 주어와 말하는 사람 사이의 관계에 따라서 결정됩니다. 주어가 말하는 사람보다 윗사람인 경우 주격 조사를 '께서'로 바꾸고 서술어에 선어말 어미 '-시-'를 써서 나타냅니다.

- 객체 높임법은 문장의 객체인 목적어나 부사어와 말하는 사람 사이의 관계에 따라서 결정됩니다. 목적어나 부사어가 말하는 사람보다 윗사람인 경우 부사격 조사 '에게'를 '께'로 바꾸고 일부 서술어를 바꾸어 줌으로써 표현합니다.

- 상대 높임법은 말을 하는 사람과 듣는 사람 사이의 관계에 따라서 결정됩니다. 상대 높임의 등급은 격식체의 경우 4단계(아주 높임, 예사 높임, 예사 낮춤, 아주 낮춤), 비격식체의 경우 2단계(두루 높임, 두루 낮춤)로 나뉩니다. 상대 높임의 등급은 명령문의 어미를 기준으로 격식체의 경우 '하십시오체, 하오체, 하게체, 해라체', 비격식체의 경우 '해요체, 해체'로 불립니다.

연습해 봅시다 1

- 다음에 보인 문장을 공손한 표현에 유의하여 올바른 문장으로 바꾸세요.

1) 나는 어제 할아버지에게 책을 주었다.

2) 여러분, 이 책을 읽어라.

3) 어머니, 이 책은 5만 원에 팔리고 있다오.

4) 손님, 이 스카프는 원래 가격이 5만 원인데, 지금 3만 원에 팔고 있다네.

5) 선생님이 어제 서울에 가서 강연을 했다.

6) 선생님이 아침을 먹고 집으로 돌아갔다.

7) 선생님, 못 간다고 영희에게 말을 좀 해 주게.

- 궁금한 사항은 미다스북스 블로그 '신지영 교수의 한국어 문법 여행' 게시판에 질문해 보세요.

피동 표현과 사동 표현

8

❶ 능동 표현과 피동 표현

(1)에 보인 사진을 보고 우리는 (2)와 같이 말할 수도 있고 (3)과 같이 말할 수도 있습니다.

(1)

(2) 엄마가 아이를 업었다.
(3) 아이가 엄마에게 업혔다.

이렇게 두 문장은 같은 뜻을 가지고 있습니다. 하지만 두 문장은 뭔가 많이 달라 보입니다. 무엇이 다른지 잘 살펴봅시다.

크게 3가지에서 차이가 있습니다. (4)에 보인 것처럼 우선 (2)번 문장의 주어인 '엄마'가 (3)번 문장에서 부사어('엄마에게')가 되었습니다. 또, (2)번 문장의 목적어인 '아이'가 (3)번 문장에서 주어('아이가')가 되었습니다. 그리고 (2)번 문장은 서술어가 '업었다'인데 (3)번 문장은 서술어가 '업혔다'입니다. (4)번에 보인 것처럼요.

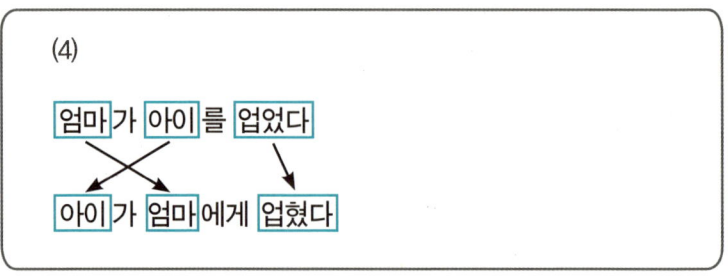

(2)처럼 주어가 동작의 주체가 되는 것을 능동문이라고 하고, (3)처럼 주어가 다른 주체에 의해 서술어의 동작을 당하는 것을 피동문이라고 합니다.

주어인 엄마가 업는 동작의 주체가 되기 때문에 (2)번 문장은 능동문이 됩니다. '능동(能動, 능할 능, 움직일 동)'이란 스스로 내켜서 움직이는 것을 말합니다.

하지만 (3)번 문장은 주어인 아이가 업는 동작의 주체가 아니라 업는 행동을 당하는 주체가 됩니다. 그래서 (3)번 문장은 피동문이 됩니다. '피동(被動, 입을 피, 움직일 동)'이란 남의 힘에 의해 움직이는 일을 말합니다.

능동문을 피동문으로 만드는 방법은 두 가지가 있습니다. 하나는 (4)에 보인 것처럼 동사를 바꾸는 것입니다. 능동사인 '업다'를 피동사인 '업히다'로 바꾸는 것이죠. 또 다른 한 가지 방법은 동사 자체를 바꾸지 않고 같은 동사에 '-아/어지다'를 붙이는 방법입니다. (5)와 (6)에 보인 문장처럼요.

> (5) 아이가 로봇을 만들었다.
> (6) 로봇이 (아이에 의해) 만들어졌다.

'업다'를 '업히다'로 바꾸는, 즉 능동 서술어를 피동 서술어로 바꾸어 표현하는 방법을 단형 피동(즉, 짧은 형태의 피동)이라고 하고, 능동 서술어에 '-아/어지다'를 붙이는 방법을 장형 피동(즉, 긴 형태의 피동)이라고 합니다.

> 고모와 대화하면 쉬워져요

같은 의미, 다른 문장

> 고모, 능동과 피동이라는 말이 조금 어렵기는 하지만 '능동적인 사람이 돼라'는 어른들의 이야기가 이제 뭔지 알겠어요. 어떤 동작을 하게 되면 동작의 주체가 되어 그 일을 하라는 얘기였어요! 능동, 피동을 공부하면서 '능동'이라는 단어의 뜻도 정확히 알게 되어 기뻐요.
> 그런데요, 고모. 능동문과 피동문은 같은 의미를 갖는 거잖아요. 그런데 왜 다른 표현을 쓰는 거죠? 뭔가 다르니까 다른 표현을 쓰는 거 아닐까요?

궁금한 현진이

친절한 고모

> 아주 좋은 질문이야. 사실 '엄마가 아이를 업었다'와 '아이가 엄마에게 업혔다'는 완전히 똑같은 뜻을 가진 문장은 아니야. 완전히 똑같다면 다른 표현이 있을 이유가 없겠지. 그럼 어떻게 다를까?
> (1)번 사진에는 두 사람, '엄마'와 '아이'가 있어. 그 두 사람 중 '엄마'에 대해서 말하고 싶다면 사람들은 '엄마가 아이를 업었다'고 말할 거야. 그런데 만약 엄마가 아니라 '아이'에 대해 말하고 싶다면 아마 '아이가 엄마에게 업혔다'고 말할 거야.
> (5)번과 (6)번도 마찬가지야. 로봇을 만든 사람인 아이에 대해 말하고 싶다면 (5)번처럼 '아이가 로봇을 만들었다'고 말할 거야. 하지만 관심이 만들어진 로봇에 있다면 (6)번처럼 '로봇이 만들어졌다'고 말할 거야. 이렇게 말할 때는 누가 만

들었는가는 말하지 않는 게 오히려 자연스럽지.
 그러니까 '엄마가 아이를 업었다'고 말할 때는 말하는 사람의 초점이 '엄마'에게 가 있는 거고, '아이가 엄마에게 업혔다'고 말할 때는 말하는 사람의 초점이 '아이'에게 가 있는 거야. 또 '아이가 로봇을 만들었다'고 말하지 않고 '로봇이(아이에 의해) 만들어졌다'고 말한다면 말하는 사람이 만들어진 '로봇'에 초점을 맞춰 말하고 싶어서 그렇게 한 거라고 할 수 있어. 누가 만들었는지보다는 무엇이 만들어졌는지가 중요하다고 판단해서 그렇게 말한 거라고 할 수 있어.
 그러니까 같은 내용이라도 어떻게 표현하는가에 따라서 말하는 사람이 중요하게 생각하는 것이 무엇인가가 드러나게 되는 거야. 자기가 생각하는 것을 글이나 말로 잘 표현하기 위해서, 또 다른 사람이 쓴 글이나 말을 섬세하게 잘 이해하기 위해서 문법 실력은 꼭 필요한 거란다.

❷ 주동 표현과 사동 표현

다음 문장을 살펴봐요.

> (7) 아이가 밥을 먹었다.
> (8) 엄마가 아이에게 밥을 먹였다.

두 문장 모두 '아이가 밥을 먹'은 것에 대해 말하고 있어요. 그런데 (7)은 주어인 '아이'가 '먹'는 동작의 주체가 되어 직접 그 동작을 행합니다. 반면에 (8)은 주어인 '엄마'가 행동의 주체가 되지 않고 그 행동을 다른 사람, 즉 '아이'에게 시켜서 아이가 '먹'는 행동을 하게 합니다.

이렇게 (8)은 주어가 행위를 하는 주체가 아니라 다른 사람으로 하여금 행위를 하도록 시키는 주체가 됩니다. 주어가 누군가에게 행위를 하도록 시키는 의미를 가진 문장을 '사동'이라고 합니다. 사동(使動)은 '부릴 사(使)'에 '움직일 동(動)'자를 쓰는 말로, '부려서(시켜서) 움직이게 한다'는 뜻입니다. 사동의 상대가 되는 말은 '주동(主動)'입니다. 즉, 주어인 주체가 스스로 동작이나 행동을 하는 것을 말하죠.

사동문을 만드는 방법도 두 가지가 있습니다. 우선은 (8)번처럼 사동사를 써서 표현하는 방법입니다. '먹다'는 주어가 직접 동작을 하는 주동 표현인데 이 동사에 파생 접사를 붙여서 '먹이다'라는 새로운 동사를 만든 후에 사동문을 만드는 것입니다.

또 한 가지는 (9)번처럼 '-게 하다'를 붙여서 만드는 것입니다.

> (9) 엄마가 아이에게 밥을 먹게 했다.

(9)번에 있는 문장도 주어인 '엄마'가 직접 행동을 하는 주체가 아니라 행동을 하게 하는 주체입니다. 행동을 직접 행하는 주체는 '아이'인데 그 아이가 자발적으로 그 행동을 하는 것이 아니라 '엄마'가 시켜서 하는 것입니다.

'먹다'를 '먹이다'로 바꾸는, 즉 주동 서술어를 사동 서술어로 바꾸어 표현하는 방법을 단형 사동(즉, 짧은 형태의 사동)이라고 하고, 주동 서술어에 '-게 하다'를 붙이는 방법을 장형 사동(즉, 긴 형태의 사동)이라고 합니다.

같은 사동, 다른 느낌

궁금한 현진이: 고모, 그런데요, '엄마가 아이에게 밥을 먹였다'도 사동문이고 '엄마가 아이에게 밥을 먹게 했다'도 사동문이잖아요. 그런데 두 문장의 뜻이 다른 것 같아요. '엄마가 아이에게 밥을 먹였다'는 머릿속에 엄마가 아이에게 밥을 떠서 먹여 주는 장면이 떠올라요. 숟가락을 들고 있는 엄마의 모습이 그려져요. 그런데 '엄마가 아이에게 밥을 먹게 했다'는 머릿속에 숟가락을 들고 있는 사람이 엄마가 아니라 아이예요. 엄마가 시켜서 아이가 숟가락을 들고 밥을 먹고 있는 모습이 그려져요.

친절한 고모: 맞아, 현진아. 두 사동문은 의미가 좀 달라. 동작을 하게 하는 사람은 같지만, 그 동작을 누가 하는가가 달라지지. 그 차이가 더 잘 드러나는 예를 들어 줄게.

(10) 엄마가 아이에게 옷을 입혔다.
(11) 엄마가 아이에게 옷을 입게 했다.

어때, 잘 드러나지? (10) 문장은 엄마가 아이의 옷을 손수 입혀주는 장면이 떠오르지? 엄마 손으로 아이의 옷을 입혀주는 장면 말이야. 그런데 (11)번 문장은 엄마가 입으라고 해서 아이가 옷을 직접 입는 장면이 떠오르지? 비록 자발적으로 옷을 입은 것은 아니고 엄마가 시켜서 아이가 옷을 입는 것이지만 옷을 입는 행동 자체는 아이가 직접 하고 있는 거지. 이렇게 사동문은 짧은 사동문과 긴 사동문의 의미가 조금 다른 것이 특징이야.

요약 정리

- 능동문이란 주어가 동작의 주체가 되는 문장을, 피동문이란 주어가 다른 주체에 의해 서술어의 동작을 당하는 문장을 말합니다.

- 능동문의 주어는 피동문에서 부사어가, 능동문의 목적어는 피동문에서 주어가 됩니다.

- 능동문을 피동문으로 만드는 방법은 두 가지가 있습니다. 하나는 능동사에 피동 접미사 '-이-, -히-, -리-, -기-'를 붙여서 피동사를 만드는 방법입니다. 또 다른 방법은 능동사의 어간 뒤에 '-아/어지다'를 붙이는 방법입니다.

- 사동문이란 주어가 동작이나 행위를 남에게 시키는 문장을 말합니다. 주어가 동작이나 행위를 직접 행하는 문장을 주동문이라고 합니다.

- 사동문을 만드는 방법은 주동사의 어간에 사동 접미사 '-이-, -히-, -리-, -기-, -우-, -구-, -추-'를 붙여서 사동사를 만드는 방법입니다. 또 다른 방법은 주동사의 어간 뒤에 '-게 하다'를 붙이는 방법입니다.

연습해 봅시다 1

- 다음 문장을 피동문(단형과 장형 모두)으로 만들어 보세요.

1) 수진이는 핸드폰 비밀번호를 바꿨다.

2) 많은 팬들이 아이돌의 이름을 불렀다.

3) 석진이는 이 몽당연필을 자주 쓴다.

4) 사람들이 이 책을 읽는다.

5) 석진이가 바위에 구멍을 뚫었다.

6) 고모가 수진이를 안았다.

7) 경찰이 도둑을 잡았다.

● 궁금한 사항은 미다스북스 블로그 '신지영 교수의 한국어 문법 여행' 게시판에 질문해 보세요.

연습해 봅시다 2

- 다음의 문장을 사동문(단형과 장형 모두)으로 만들어 보세요. 문제를 푸는 사람이 시키는 사람을 만들어 넣어도 됩니다.

  1) 아이가 방에서 잔다.

  2) 동진이가 책을 읽었다.

  3) 입맛이 돌았다.

  4) 수진이가 약을 먹었다.

  5) 석진이가 건널목에 섰다.

  6) 나뭇잎이 물에 떴다.

  7) 철수가 죽었다.

● 궁금한 사항은 미다스북스 블로그 '신지영 교수의 한국어 문법 여행' 게시판에 질문해 보세요.

부정 표현

9

다음 문장을 비교해 봐요.

> (1) 수진이가 밥을 먹었다.
> (2) 수진이가 밥을 안 먹었다.

(1)과 (2)는 같은 내용에 대해 긍정하는 표현과 부정하는 표현을 보여 주고 있습니다. **긍정 표현**이란 **그렇다고 생각하여 옳다고 인정하는 표현**을 말합니다. 반면에 **부정 표현**이란 **그렇지 않다고 단정하거나 옳지 않다고 반대하는 표현**을 말합니다.

'현진이가 수진이를 만났다'는 내용이 맞다고 생각하면 우리는 (3)에 보인 것처럼 그대로 표현하면 됩니다.

> (3) 현진이는 수진이를 만났다.

하지만 (3)번 문장의 내용이 옳지 않다고 반대한다면 우리는 다음과 같은 같은 방법으로 부정 표현을 해야 합니다.

> (4) 현진이는 수진이를 안 만났다.
> (5) 현진이는 수진이를 못 만났다.
> (6) 현진이는 수진이를 만나지 않았다.
> (7) 현진이는 수진이를 만나지 못했다.

우선, (4)와 (5)처럼 부정을 나타내는 부사인 '안'과 '못'을 용언 앞에 써서 그 내용을 부정하는 것입니다. 또, (6)과 (7)처럼 보조 용언인 '아니하다(않다)', '못하다'를 용언에 이어 써서 그 내용을 부정하는 것입니다. 이때 본용언의 어미는 모두 '-지'를 사용합니다. 그러니까 '-지 아니하다(않다)'와 '-지 못하다'와 같이 표현합니다.

부정 부사를 사용해서 만든 부정문을 단형 부정이라고 하고, 보조 용언을 사용해서 만든 부정문을 장형 부정이라고 합니다.

그럼 언제나 이 방법으로 부정문을 만들 수 있을까요? 문장을 끝내는 다섯 가지 방법을 가지고 시험해 보기로 해요.

(8) 현진이는 수진이를 만났다. (평서문)
 → 모두 가능 (4~7)

(9) 현진이는 수진이를 만났구나! (감탄문)
 → 현진이는 수진이를 안(못) 만났구나!
 → 현진이는 수진이를 만나지 않았구나(못했구나)!

(10) 현진이는 수진이를 만났니? (의문문)
 → 현진이는 수진이를 안(못) 만났니?
 → 현진이는 수진이를 만나지 않았니(못했니)?

(11) 현진아, 수진이를 만나라. (명령)
 → *현진아, 수진이를 안(못) 만나라.
 → *현진아, 수진이를 만나지 않아라(못해라).

(12) 현진아, 수진이를 만나자. (청유)
 → *현진아, 수진이를 안(못) 만나자.
 → *현진아, 수진이를 만나지 않자(못하자).

평서문, 감탄문, 의문문은 모두 부정 부사 '안'이나 '못'을 용언 앞에 붙이거나 보조 용언 '아니하다(않다)'나 '못하다'를 연결하여 부정문을 만듭니다. 하지만 명령문과 청유문은 이런 방법으로 부정문을 만들면 이상한 문장이 됩니다. 이상한 문장은 문장 앞에 별표(*)를 달아 표시합니다.

그럼 명령문과 청유문은 어떤 방법으로 부정문을 만들까요?

(13) 현진아, 수진이를 만나지 마라.
(14) 현진아, 수진이를 만나지 말자.

(13)과 (14)에 보인 것처럼 명령문과 청유문은 본용언 뒤에 보조 용언 '말다'를 연결시켜서 부정문을 만듭니다. 본용언과 보조 용언 '말다'를 연결하는 어미는 역시 '-지'입니다. 그러니까 명령문은 '-지 마라'를, 청유문은 '-지 말자'를 붙여서 부정문을 만듭니다.

안 하는 것과 못 하는 것의 차이

평서문, 감탄문, 의문문은 부정 부사 '안'이나 '못'을 용언 앞에 붙이거나 어간에 '-지 않다'나 '-지 못하다'를 연결하여 부정문을 만들 수 있습니다. 그렇다면 '안 하는 것'과 '못 하는 것'의 차이는 무엇일까요?

> (15) 수진이는 노래를 안 한다. /
> 　　 수진이는 노래를 하지 않는다.
> (16) 수진이는 노래를 못 한다. /
> 　　 수진이는 노래를 하지 못한다.

두 문장은 모두 '수진이는 노래를 한다'의 부정문입니다. 그런데 두 부정문은 의미가 약간 다릅니다. '안' 부정은 동작을 실현할 능력이 있지만 주어의 '의지'가 작용해서 동작을 실현하지 않는다는 뜻을 갖습니다. 이에 비해 '못' 부정은 주어의 의지가 아니라 주어의 '능력'이 부족하거나 다른 '외부의 원인'으로 인해서 동작이 실현되지 않는다는 뜻을 갖습니다.

따라서 (15)는 수진이가 노래를 할 수 있는 능력이 있음에도 불구하고 수진이가 자신의 뜻에 의해 노래를 하지 않는다는 뜻을 갖습니다. 반면에 (16)은 수진이가 노래할 수 있는 능력이 부족하거나 노래할 수 있는 능력이 있다고 하더라도 외부의 다른 이유로 인해서 노래를 할 수 없다는 뜻을 갖습니다.

'안' 부정을 '의지 부정'이라고 하고 '못' 부정을 '능력 부정'이라고 부르는 이유가 바로 여기에 있습니다. 그래서 어른들이 이렇게 말하죠. '안 하는 거니, 못 하는 거니?'라고 말이에요. 이렇게 묻는 이유는 안 하는 거라면 하면 되는 거고, 못 하는 거라면 능력을 키우거나 못 하게 만드는 외부의 요인들을 제거해서 할 수 있게 만들어야 한다는 뜻이에요. 사실 둘 다 하라는 뜻이지요.

안 하는 것은 한다, 안 한다가 내 의지에 달려 있습니다. 하지만 못 한다는 것은 내 의지가 아니라 내 능력이 모자라거나 의지와 능력이 있더라도 다른 외부적인 이유 때문에 실현이 되지 못하는 것을 의미합니다. 달리 말해서 안 하는 것은 내 뜻이지만 못 하는 것은 내 뜻이 아닌 거죠.

요약 정리

- 부정문이란 옳지 않다고 반대하는 문장을 말합니다.
- 부정문을 만드는 방법은 문장의 종결법에 따라 차이가 있습니다.
- 평서문, 감탄문, 의문문은 부정 부사 '안'과 '못'을 용언 앞에 붙이거나(단형 부정) 본용언 어간 뒤에 '-지 아니하다(않다)' 혹은 '-지 못하다'를 붙입니다(장형 부정).
- 한편, 명령문은 '-지 마라'를, 청유문은 '-지 말자'를 붙여서 부정문을 만듭니다. 명령문과 청유문은 단형 부정을 만들지 못합니다.

연습해 봅시다 1

- 다음에 보인 문장의 가능한 부정문을 모두 쓰고, 각 부정문의 뜻이 어떻게 다른지 말하세요.

    1) 나는 어제 학교에 갔다.

    2) 영희야, 친구들과 마음껏 놀아라.

    3) 자, 집에 가자.

    4) 왜 어제 사과를 드셨어요?

    5) 이 스카프 참 예쁘구나!

● 궁금한 사항은 미다스북스 블로그 '신지영 교수의 한국어 문법 여행' 게시판에 질문해 보세요.

여행 가방을 풀며

첫 번째 문법 여행을 마치고 이제 여행 가방을 풀어야 하는 시간이 되었다. 여행 가방을 꾸리는 일이 세상에서 가장 신나고 설레고 기다려지는 일이라면, 여행 가방을 푸는 일은 세상에서 가장 귀찮고 하기 싫은 일이 아닐까 한다. 여행의 피로감과 여행을 마치고 이제 현실로 돌아가야 한다는 생각에 느껴지는 묘한 상실감, 그리고 잡다한 짐들을 제자리에 돌려놓으며 느끼는 일상의 지루함까지.

하지만 오늘은 오랫동안 미루어왔던 여행을 마치고 돌아온 탓인지 여행 가방을 푸는 마음이 홀가분하다. 그리고 이 여행을 떠나기까지의 과정을 떠올리며 입가에 미소가 지어진다.

이 여행이 처음 기획된 것은 사실 2006년 여름이었다. 학회의 의뢰로 기획 논문을 발표하면서 중등 교과서의 문법 내용을 따져 읽게 되었고, 언젠가는 꼭 중고등 학생들을 위한, 쉽고 재미있고 유용한 문법 책을 써 보고 싶다는 생각을 하게 되었다. 하지만 이 런저런 일들에 밀려 시간만 지나고 있었다.

그러다가 2013년, 필자가 쓰던 컴퓨터를 현진이에게 물려주면 서 매주 이메일 한 통씩을 고모에게 보내는 조건을 달게 되었다. 이메일을 쓰게 함으로써 타자 실력도 향상시키고 문장 실력도 향 상시킬 바람에서 그런 조건을 내세운 만큼, 필자는 현진이의 이 메일을 매주 기다렸다. 처음에는 정말 아주 짧게 보냈던 현진이 의 편지는 고모의 긴 답장 덕분인지 점차 길어졌다.

그러던 어느 날 현진이는 어간과 어미가 무엇인지를 묻는 이메 일 한 통을 보내는 단계에 이르게 되었다! 곧 치르게 될 시험에 나올 텐데 어간과 어미가 무엇인지 헷갈린다는 내용이었다. 나름 대로 다급함이 담긴 편지였다.

사실은 현진이의 그 편지가 이 책을 있게 했다고 해도 과언이 아니다. 그 편지가 배달된 것은 2013년 6월 8일 저녁이었다. 편지 를 받은 후 현진이에게 어간과 어미에 대한 내용과 함께 품사에 대해 설명하는 내용의 글을 A4 용지 4쪽 분량으로 써서 보냈다. 그리고 그 편지에 '현진이와 고모의 문법 여행'이라는 책을 내려고 하니까 글을 읽고 이해가 되는지, 혹 이해가 잘 안 된다면 어떤 부분이 어려운지를 얘기해 달라고 했다.

현진이는 바로 다음날인 6월 9일 '품사를 깨달은 현진 올림'이라는 제목으로 답장을 써 주었다. 읽고 이해가 안 되는 내용에 밑줄을 그어 달라는 나의 부탁에 이해가 잘 된다는 내용의 답장을 보내 주었다. 그래서 그 해 여름 방학 동안 현진이와 함께 매주 토요일마다 문법 여행을 떠날 수 있었다. 하지만 현진이의 여름 방학은 너무 짧았고, 서로 사는 곳도 멀어서 문법 여행은 마무리를 짓지 못하고 중단되었다. 그렇게 중단된 문법 여행은 다른 일들에 밀려 마무리되지 못하고 시간만 지나고 있었다.

마음의 빚으로 남은 이 여행을 다시 떠나게 한 것은 대교의 윤선아 선생이었다. 다른 일로 만나 이야기를 하던 중에 이런 문법책을 기획하고 있다고 했더니 원고를 좀 보여 달라고 했다. 원고를 보고 윤 선생은 아주 재밌다면서 완성을 해 보라고 격려해 주었다. 윤 선생의 격려 덕분에 2014년 여름, 첫 번째 꼭지인 단어의 세계 초고를 완성할 수 있었다. 단어의 세계를 완성한 후 다음으로 고민이 된 것은 어디서 출판을 해야 하는가였다. 그간 학술 서적만을 출판해 왔던 터라 기존에 함께 작업을 했던 출판사는 적절치 않다고 판단했다. 그렇다고 사교육 시장에 맡기고 싶지도 않았다. 원고를 쓰지도 않고 쓸데없는 고민을 하면서 2014년이 또 지나갔다.

　그렇게 2015년을 맞게 되었다. 2015년은 현진이가 중학교 3학년이 되는 해다. 현진이가 중학교를 졸업하기 전에 꼭 출판을 해야겠다고 생각하니 마음이 초조해졌다. 문장의 세계를 집필하는 일을 서둘러야 했다. 집필의 방향을 정하고 문장의 세계를 약 1/3 정도 완성해 가고 있을 때 갑자기 학생처장을 하라는 제안이 들어왔다. 존경하는 분께서 새 총장님이 되셨으니 생각도 하지 않고 덜컥 수락을 해 버렸다. 아뿔싸, 이렇게 시간을 내지 못하는 일일 거라고는 상상도 하지 못했다.

　그리고 2월 말, 입학 30주년을 준비하는 대학 동기 모임에 가게 되었다. 10월에 있을 홈커밍데이를 위해 같은 과 동기들이 모이기 시작했다. 오랜만에 만난 동기들은 모두 잘 성장한 어른이 되어 있었다. 마음 쏨쏨이가 넉넉했다. 그런 동기들과 함께 대학을 다닐 수 있었던 것이 자랑스러웠다. 멋진 동기들 중의 한 명이 미다스북스의 대표라는 것을 알게 된 것도 그때였다. 그래서 문법 여행을 미다스북스와 떠나 보면 어떨까 생각하게 되었다. 류종렬 대표는 흔쾌히 우리의 여행을 후원하겠다고 했다.

　출판사도 정해졌고 이제 원고를 완성하는 일만 남았는데 문제는 시간이었다. 처음 해 보는 일이고 절대 시간이 많이 필요한 보직 덕분에 큰 진전도 없이 2015년 1학기가 다 지나가고 있었다.

그렇게 여름 방학이 끝나갈 무렵 갑자기 위기감이 몰려왔다. 더 이상 미루면 홈커밍데이도 지나갈 것이고 현진이는 고등학생이 될 것이다. 갑자기 식은땀이 났다. 더는 미룰 수 없다는 생각에 배수의 진을 치고 잠자는 시간을 줄여서 원고의 완성에 총력을 기울였다. 덕분에 8월이 다 가기 전에 문장의 세계를 탈고할 수 있었다. 그리고 오늘 이렇게 여행을 마치고 가방을 푸는 시간을 맞을 수 있게 되었다.

사실, 문법 여행은 아직 미완의 여행이다. 남겨둔 마지막 여행지가 있기 때문이다. 마지막 여행지는 '발음의 세계'다. 필자의 주 전공 영역이기도 한 발음의 세계가 이번 여행에 포함되지 않아 아쉽다. 하지만 가장 아끼는 여행지를 남겨 두고 문법 여행의 독자들과 다음 여행을 기약하는 것이 싫지만은 않다. 단어의 세계와 문장의 세계로 여행을 다녀온 독자들과 함께, 필자에게는 가장 흥미로운 여행지인 발음의 세계로 여행을 떠날 것을 생각하면 가슴이 뛴다.

이번 여행의 가방을 풀며, 마음은 벌써 다음 여행 가방에 무엇을 꾸릴까 설렌다.